Julie Fisk · Kristin Demery · Kendra Roehl

# Glücksmomente zu verschenken

Über die Autorinnen

Julie Fisk, Kristin Demery und Kendra Roehl sind drei Freundinnen, die als Gründerinnen der in den USA bekannten Internetseite „The Ruth Experience“ (theruthexperience.com) bekannt geworden sind. Sie arbeiten seit vielen Jahren als Rednerinnen, Autorinnen, Mütter und Ehefrauen zusammen und möchten dazu beitragen, dass die Welt durch Gottes Liebe ein wenig heller wird. Dabei betonen sie immer wieder, wie wichtig authentische Gemeinschaft mit anderen Menschen ist und welch positiven Einfluss praktisch erwiesene Freundlichkeit auf unsere Gesellschaft haben kann.

Julie Fisk · Kristin Demery · Kendra Roehl

# Glücksmomente zu verschenken

100 Anregungen,
wie Sie als Familie Ihren Mitmenschen
eine Freude machen können

Aus dem Amerikanischen von Elke Wiemer

GerthMedien

# Einleitung

Vor ein paar Jahren stellten wir in der Vorweihnachtszeit fest, dass wir uns ziemlich über die Einstellung unserer Kinder ärgerten. Wir hatten es satt, schon Monate vor Weihnachten ihre ewig langen Wunschzettel präsentiert zu bekommen, und ihr Gejammer darüber, welche Spielzeuge und technischen Geräte ihre Schulfreunde hatten und sie nicht, war ermüdend. Wir wollten einen Weg finden, wie wir als Mütter ihre Herzenshaltung durch einen neuen Fokus auf die Liebe Gottes verändern konnten, damit sie nicht mehr nur auf sich, sondern auf andere schauten.

Wir schlugen ein Experiment vor: Den ganzen Dezember über wollten wir jeden Tag einem anderen Menschen etwas Gutes tun. Anschließend wollten wir darüber in den sozialen Netzwerken berichten und andere Leute ermutigen mitzumachen. Diese kleinen Freundlichkeiten, die wir anderen Menschen zuteil werden ließen, haben unsere Familien verändert. Was aus einer elterlichen Laune heraus entstand, um den wahren Sinn von Weihnachten wiederzuentdecken, entwickelte sich letztlich zu einem längerfristigen Experiment der Großzügigkeit.

Als wir damit begannen, wollten wir uns ursprünglich nur gegen den Materialismus wehren, der unsere Familien aufzufressen schien, aber am Ende kam mehr dabei heraus, als wir erwartet hatten. Nachdem wir die Gewohnheit, Gutes zu tun, in unser Familienleben integriert hatten, stellten wir fest, dass sie unser Leben und auch unsere Gedanken über andere Menschen verändert hatte. Statt Menschen, denen wir begegneten, vorschnell zu verurteilen, wurden unsere Herzen weich, und wir fingen an, Gottes Ebenbild in den Gesichtern um uns herum zu sehen.

Außerdem sahen wir, wie unsere Familien – genauer gesagt unsere Kinder – sich zum Positiven entwickelten. Sie sind sich jetzt der Bedürfnisse anderer Menschen sehr viel mehr bewusst und haben ein viel besseres Empfinden für bestimmte Themen bekommen, die Menschen auf der ganzen Welt betreffen. Wir alle haben den Wunsch wiederentdeckt, in unserem Leben zu geben, zu dienen und uns für die Geringsten einzusetzen (Matthäus 25,40).

Aber noch wichtiger ist, ist dass wir gelernt haben, dass Gnade – das Konzept, auf dem unser Glaube beruht – von Freundlichkeit abhängt. Jesu Gebot, Gott zu lieben und unseren Nächsten, ist ohne Freundlichkeit undenkbar. Freundlichkeit lehrt uns Demut, ist das Gegenteil von Selbstsucht und Stolz und führt zu unvergleichlicher Gnade.

Als wir uns ganz bewusst für mehr Freundlichkeit in unserem Tun und Handeln entschieden und unseren Glauben praktisch auslebten, wuchs unsere Beziehung zu Gott und wir erlebten Gottes Liebe auf ganz praktische Art.

Wenn Sie das Gefühl haben, im Glauben festzustecken und Sie sich fragen, ob das Leben mehr zu bieten hat als nur die Alltagsroutine, oder wenn Sie sich über die egoistische Haltung Ihrer Kinder ärgern (oder über Ihre eigene), wird Ihnen und Ihrer Familie dieses Buch helfen, über Ihren eigenen Tellerrand zu den Menschen um Sie herum zu schauen. Wir freuen uns sehr, dass Sie sich mit uns auf dieses Abenteuer einlassen. Wir hoffen und beten, dass diese Andachten während der nächsten 100 Tage Sie auf Ihrem eigenen Weg, die Liebe Jesu zu finden und weiterzugeben, sowohl inspirieren als auch zum Handeln bewegen werden.

*Julie, Kendra und Kristin*

ES WURDE DIR, MENSCH,
DOCH SCHON LÄNGST GESAGT,
WAS GUT IST UND WIE GOTT MÖCHTE,
DASS DU LEBEN SOLLST.
ER FORDERT VON EUCH NICHTS ANDERES,
ALS DASS IHR EUCH AN DAS RECHT HALTET,
*liebevoll und barmherzig*
MITEINANDER UMGEHT UND
DEMÜTIG VOR GOTT EUER LEBEN FÜHRT.

MICHA 6,8

TAG 1

# Warum sollte ich freundlich sein?

Lass dich nicht vom Bösen besiegen,
sondern besiege das Böse durch das Gute.

Römer 12,21

An einem frostigen Wintermorgen stolperten Tim und ich durch die Tür eines Cafés. Wir hatten uns gerade vorgenommen, ein Jahr lang täglich eine gute Tat zu tun, und ich war entschlossen, einen positiven Start hinzulegen.

Als wir uns in dem Café umschauten und nach jemandem suchten, dem wir etwas Gutes tun konnten, entdeckten wir einen Polizisten in Uniform, der in sich versunken an einem Ecktisch saß.

„Lass uns ihm einen Gutschein schenken", schlug ich vor.

Tim nickte zustimmend, kaufte beim Tresen einen Gutschein und ging anschließend zu dem Tisch des Polizisten hinüber.

Ich setzte mich klopfenden Herzens in die Nähe des Tisches und beobachtete, wie das Lächeln meines normalerweise unerschütterlichen Mannes immer mehr nachließ. Schließlich kam er zu mir herüber. Natürlich war ich neugierig, wie das Gespräch gelaufen war und war sofort ernüchtert, als Tim mir erzählte, dass der Polizist das Geschenk zunächst ablehnte und erst annahm, als Tim darauf bestand.

Dieser Rückschlag hätte uns gleich zu Beginn unseres einjährigen Experiments aus dem Konzept bringen können. Wir hätten leicht denken können: Wenn das so läuft … vergiss es. Ich muss mich nicht durch die Ablehnung eines Fremden so demütigen lassen.

Ich selbst habe zwar noch niemals einen Geschenkgutschein abgelehnt, aber ich weiß, dass ich schon andere Freundlichkeiten zurückgewiesen habe. Ich habe Komplimente abgewiesen und Hilfe abgelehnt. So unwohl wir uns auch in diesem Augenblick durch die Ablehnung des Polizisten gefühlt haben, so hat sie uns doch dazu gezwungen, uns selbst zu fragen: Warum ist es gut, wenn wir anderen Menschen gegenüber freundlich handeln?

Als ich einige Zeit später noch einmal darüber nachdachte, wurde ich an folgende Wahrheit aus dem Römerbrief erinnert: „Lass dich nicht vom Bösen besiegen, sondern besiege das Böse durch das Gute." Unsere Bereitschaft, anderen Menschen Gutes zu tun, sollte nicht von deren Reaktion abhängen. Unsere Motivation sollte vielmehr darin bestehen, dass wir wissen, dass Gott möchte, dass wir zu unseren Mitmenschen freundlich sind. Er sieht unser Herz, und unsere Freundlichkeit gefällt ihm.

*Kristin*

## *Die gute Tat für heute:*

Überlegen Sie doch einmal, wann Sie jemandem für seine Freundlichkeit Ihnen gegenüber nicht gedankt haben. Wenn möglich, dann sollten Sie die nächste Gelegenheit ergreifen und dieser Person danken.

TAG 2

# Eingeschneit

Und vergesst nicht, Gutes zu tun und mit anderen zu teilen.
An solchen Opfern hat Gott Freude.

Hebräer 13,16

Verschlafen hob ich den Kopf vom Kopfkissen, als mein Mann eines Morgens versuchte, sich besonders früh aus unserem Schlafzimmer zu schleichen. Der Wetterbericht hatte für die Nacht bis zu 30 Zentimeter Neuschnee angekündigt, und er war aufgestanden, um für uns einen Weg freizufräsen, bevor wir alle zum Bus oder auf die Arbeit mussten.

Ich scheuchte die Kinder aus den Betten, duschte mich, kochte Kaffee und machte Frühstück für alle. Als ich damit fertig war, fiel mir auf, dass Aaron immer noch nicht von seinem Schneeabenteuer zurück war.

Ich schaute aus dem Wohnzimmerfenster und sah nur unsere frisch geräumte Einfahrt. Doch als ich in die andere Richtung schaute, entdeckte ich ihn – völlig zugeschneit fräste er sich einen Weg zu unserer verwitweten Nachbarin durch.

Das ist im Winter nichts Ungewöhnliches. Wenn mein Mann hinausgeht, um sich um den Schnee zu kümmern, weiß ich nie genau, wie lange er weg sein wird. Denn wenn er erst einmal angefangen hat, räumt er meistens noch ein paar Gehwege und Einfahrten mehr in unserer Sackgasse, vor allem wenn er weiß, dass es jemandem nicht gut geht oder derjenige viel um die Ohren hat. Bei unseren schneereichen Wintern in Minnesota ist das eine ganz einfache Möglichkeit, den Menschen um uns herum ganz praktisch etwas Gutes zu tun.

Ehrlich gesagt, ist es sogar eine ansteckende Art der Freundlichkeit, denn mehrere Leute an unserem Ende der Straße, die eine Schneefräse besitzen, haben mittlerweile damit begonnen, die Gehwege und Einfahrten ihrer Nachbarn freizuräumen – auch unsere. Es hat sich zu einem Geben und Nehmen unter den Nachbarn entwickelt und hat unser Gemeinschaftsgefühl gestärkt. An verschneiten Tagen achten wir aufeinander.

Das alles hat damit angefangen, dass mein Mann einfach mal eine Idee in die Tat umgesetzt hat. Es gab keinen ausgeklügelten Plan, keine Diskussion, keine große Vision dahinter. Er fing einfach dort an zu dienen, wo er war, und mit den Mitteln, die er hatte. Diese kleinen Opfer haben unsere Nachbarschaft enger zusammengeschweißt, und zweifelsohne gefallen sie Gott.

*Julie*

## *Die gute Tat für heute:*

Dienen Sie jemandem, indem Sie ihm
einfach nur einen Teil Ihrer Zeit opfern.

TAG 3

# Reden Sie darüber

Lasst uns aufeinander achten! Wir wollen uns zu gegenseitiger Liebe ermutigen und einander anspornen, Gutes zu tun.

Hebräer 10,24

Einer meiner Dozenten hat die Einstellung zu guten Taten während des Viktorianischen Zeitalters einmal so beschrieben, dass Geheimhaltung das oberste Gebot war. Statt den öffentlichen Applaus zu suchen, glaubten die Briten, dass es ihnen noch mehr Glaubwürdigkeit verleihen würde, wenn sie ihre guten Taten geheim hielten. Wenn jemand ihr freundliches Handeln entdeckte, „zählte" ihre Großzügigkeit nicht mehr.

Der gleiche Zusammenhang zwischen Geheimhaltung und Großzügigkeit wird in Matthäus 6,2-4 angesprochen: „Wenn du also einem Armen etwas gibst, dann posaune es nicht hinaus wie die Heuchler. Sie reden davon in den Synagogen und auf den Gassen, damit alle sie bewundern ... Wenn du einem Bedürftigen hilfst, dann soll deine linke Hand nicht wissen, was die rechte tut; niemand soll davon erfahren. Dein Vater, der auch das Verborgene sieht, wird dich dafür belohnen."

Ich habe ein Problem mit diesem Gedanken. Meine Freunde schreiben häufig in den sozialen Netzwerken über ein gemeinnütziges Werk oder ein Projekt, von dem sie überzeugt sind, und bitten dafür um weitere Spenden.

Wenn ich diese Empfehlungen lese, bewegt es mich dazu, ihrer Bitte zu folgen. Ist es denn nun schlecht, über Organisationen zu sprechen, denen wir geholfen haben, und uns zu wünschen, andere würden sich auch für sie einsetzen? Und was ist daran anders als das Verhalten der heuchlerischen Gutmenschen in Matthäus?

Ich glaube, es ist mehr eine Sache des Herzens – so wie sie im Hebräerbrief angesprochen wird, wo es heißt, wir sollen „uns zu gegenseitiger Liebe ermutigen und einander anspornen, Gutes zu tun." Diejenigen, die ihre guten Taten auf den Straßen hinausposaunt haben, haben es mit falscher Demut getan – „schaut nur, was ich für diese armen Menschen getan habe" – und nicht aus aufrichtiger Besorgnis um Menschen in Not. Wenn unser selbstsüchtiger Stolz der Kern unserer Motivation ist, dann haben wir ein Problem. Aber aus der aufrichtigen Überzeugung heraus, dass wir für hilfsbedürftige Menschen etwas tun können, für eine Sache Werbung zu machen, ist nie eine schlechte Idee.

Fällt es Ihnen schwer, anderen von Ihren guten Taten zu erzählen? Es ist ein schmaler Grat zwischen angeben und andere zum Helfen anzuspornen. Bitten Sie Gott, Ihnen zu helfen, den Unterschied zu erkennen, damit Sie ihm die Ehre geben können, während Sie sein Werk tun.

*Kristin*

## Die gute Tat für heute:

Berichte deinen Freunden per E-Mail oder über die sozialen Netzwerke von einer Organisation, die dir wichtig ist, und ermutige sie, dieses Werk ebenfalls zu unterstützen.

TAG 4

# Hier ist jeder willkommen

Nun ist der Menschensohn gekommen, isst und trinkt wie jeder andere, und ihr wendet ein: „Er frisst und säuft, und seine Freunde sind die Zolleinnehmer und Sünder!"

Lukas 7,34

Wenn ich durch die Beiträge in den unterschiedlichen sozialen Netzwerken scrolle, dann sind sie so verschieden wie die Menschen, die sie schreiben. Beim Lesen der einzelnen Beiträge versuche ich, nach dem Guten Ausschau zu halten und es ermutigt mich, wenn Leute über Themen wie Liebe, Gnade und Barmherzigkeit schreiben.

Mein Blick schweift zu unserer Esszimmerwand, an der wir vor kurzem ein Poster mit einem meiner Lieblingssprüche aufgehängt haben: „Komm herein. Am Tisch ist immer Platz für dich." Es ist ein Willkommenssignal über unserem Esstisch und erinnert mich daran, was ich als Christ tun sollte.

Liebe deinen Nächsten.

Ich denke daran, wie Jesus hier auf der Erde gelebt hat, wie er Menschen zur Gemeinschaft eingeladen hat, die ganz anders waren als er. Ich erinnere mich daran, dass sie ihn einen Fresser und Säufer genannt haben – nicht, weil er es war, sondern weil er mit Menschen Gemeinschaft hatte, die es waren. Ich denke an die Worte, die mein Pastor so häufig sagt: „Ihr könnt dazugehören, bevor ihr glaubt."

Ich frage mich, wie viele von unseren Chats in den sozialen Netzwerken anders verlaufen würden, wenn wir bereit wären, andere Menschen in unser Leben einzuladen. Wenn wir miteinander am Tisch sitzen und uns von Angesicht zu Angesicht unterhalten würden. Wenn wir anfangen würden, die Gemeinsamkeiten zu sehen, statt die Unterschiede zu suchen.

Ich frage mich, was wohl passieren würde, wenn wir das Menschliche im anderen sehen würden. Wenn wir einander annehmen würden, auch wenn wir nicht die gleichen Auffassungen vertreten. Vielleicht sollten wir mehr praktisch tun, statt zu glauben, unsere Meinung zu äußern sei das Gleiche, wie unseren Glauben zu teilen. Wir müssen Zeit und Kraft investieren, um die Menschen dort zu lieben, wo sie gerade stehen. Das ist nicht leicht, ich weiß. Vielleicht stellen andere uns sogar in Frage, aber wir können sicher sein, dass es das ist, wozu Jesus uns berufen hat.

*Kendra*

## Die gute Tat für heute:

Wenn du die Gelegenheit bekämst, etwas Negatives
über jemanden oder eine Gruppe von Menschen zu sagen,
bitte Gott stattdessen um seinen Segen für sie.

TAG 5

# Schrittweise Freundlichkeit

Denkt nicht an euren eigenen Vorteil.
Jeder von euch soll das Wohl des anderen im Auge haben.
Philipper 2,4

Als Mutter fahre ich oft einkaufen. Eigentlich mache ich das sehr gerne, vor allem wenn ich keine Kinder dabei habe, die betteln, damit ich ihnen die neue Barbie-DVD kaufe, oder die heimlich versuchen, Süßigkeiten in den Einkaufswagen zu schmuggeln. Gebt mir einen Becher Kaffee und einen leeren Einkaufswagen und ich ziehe stundenlang glücklich durch das Paradies genannt Supermarkt.

Da ich mittlerweile darauf achte, jeden Tag jemandem etwas Gutes zu tun, muss ich kreative Wege finden, wie ich anderen helfen kann, ohne unseren finanziellen Rahmen zu sprengen. Es macht zwar Spaß, große Geschenke zu machen, aber zumeist ist das nicht praktikabel. Die meisten Menschen können es sich nicht leisten, jeden Tag viel Geld auszugeben, um anderen etwas zu schenken, auch nicht, wenn es für eine gute Sache ist.

In der Bibel heißt es, wir sollen „das Wohl des anderen im Auge haben", und dazu gehört, bewusst nach Wegen zu suchen, wie wir dauerhaft anderen helfen können – nicht nur mit großen Geschenken. Ich habe festgestellt, wenn ich ständig überlege, wie ich anderen Gutes tun kann, dann finde ich immer wieder Möglichkeiten, wie ich mit Kleinigkeiten zu größeren Bedürfnissen beitragen kann. Wir kreieren zum Beispiel für unsere alljährliche Freizeit für alleinerziehende Mütter eine „Boutique", in der sich die Teilnehmerinnen sich kostenlos neue oder wenig getragene Kleidung und Accessoires aussuchen können. Und für diese „Boutique“ suche ich regelmäßig auf meinen Einkaufstouren nach hübschen kuscheligen Socken.

Weil ich immer wieder nach diesen Socken Ausschau halte und sie meist im Angebot kaufe, hat der Betrag für sie in meinem Haushaltsbudget nie wirklich zu Buche geschlagen. Aber auf diese Weise bekomme ich über die Monate hinweg bis zur nächsten Freizeit eine vollgepackte Tasche mit Socken.

Haben Sie sich auch schon unter Druck gesetzt und gemeint, Sie müssten viel mehr geben? Denken Sie daran, dass jede Kleinigkeit etwas bewirkt, und mit der Zeit summieren sich auch kleine Geschenke zu etwas Großem.

*Kristin*

## *Die gute Tat für heute:*

Überlegen Sie, wozu Sie etwas beisteuern möchten – Nahrungsmittel für die örtliche Tafel oder Schulmaterialien für Kinder aus armen Familien – und fangen Sie an, Schritt für Schritt für eine größere Sache zu geben.

TAG 6

# Nutzen Sie Ihre Gaben

Gott hat jedem von uns unterschiedliche Gaben geschenkt.

Römer 12,6

Mein Mann ist Schlagzeuger. Man sieht ihn oft gedankenverloren irgendwelche Rhythmen auf jeder zur Verfügung stehenden Oberfläche trommeln, wenn er sich auf eine bestimmte Aufgabe konzentrieren muss. Musik ist für ihn das, was für andere der Sauerstoff ist. Er stellt Playlists für alle möglichen Gelegenheiten zusammen, und seine Musikauswahl ist sowohl breit gefächert als auch von bestem Geschmack.

Vor Jahren hat er zum ersten Mal eine Playlist für jemanden außerhalb unserer Familie zusammengestellt. Wir kannten die Person nicht sehr gut, aber sie durchlebte gerade eine schwere Zeit, und mein Mann schenkte ihr eine Playlist mit Anbetungsmusik. Mit den Jahren hat mein Mann im Stillen allen möglichen Menschen, die er unter den verschiedensten Umständen kennengelernt hat, persönlich zusammengestellte Playlists mit Anbetungsmusik zukommen lassen.

Durch die Musik erzählt er anderen mutig von seiner Liebe zu Jesus und das auf eine Weise, wie ich es noch bei niemand anderem gesehen habe und auch selbst niemals tun würde. Als er im letzten Herbst erfuhr, dass eine neue Kollegin an Krebs erkrankt war, schickte er ihr eine Playlist und eine Karte zur Ermutigung. Als sie im Dezember starb, und mein Mann zur Trauerfeier ging, stand er in der langen Schlange der Trauergäste und summte die Musik mit, die leise im Hintergrund lief. Die Musik gefiel ihm, und dann merkte er, dass es die Playlist war, die er für sie zusammengestellt hatte.

Als er mit ihren Angehörigen sprach, erfuhr er, dass sie die Musik, die er ihr zusammengestellt hatte, sehr geliebt hatte und diese Playlist in den Monaten vor ihrem Tod immer und immer wieder gespielt und als Musik für die Trauerfeier ausgewählt hatte.

Als mein Mann mir diese Geschichte abends erzählte, wurde mir wieder einmal klar, dass Gott seine musikalische Begabung gebrauchte, damit er anderen Menschen auf ganz einzigartige Weise von seinem Glauben erzählt. Römer 12,6 erinnert uns daran, dass Gott uns allen für unsere Aufgaben in seinem Reich unterschiedliche Gaben geschenkt hat. Die Frage ist nur, wie setzen Sie Ihre Gott gegebenen Gaben für sein Reich ein?

*Julie*

## *Die gute Tat für heute:*

Überlegen Sie einmal, was Sie gerne tun
und finden Sie einen Weg, wie Sie dadurch
anderen Menschen Gottes Liebe zeigen können.

TAG 7

# Kleider für den Abschlussball

Schließlich, meine lieben Brüder und Schwestern,
orientiert euch an dem, was wahrhaftig, vorbildlich und gerecht,
was redlich und liebenswert ist und einen guten Ruf hat.
Beschäftigt euch mit den Dingen, die auch bei
euren Mitmenschen als Tugend gelten und Lob verdienen.

Philipper 4,8

Hunderte von gespendeten Kleidern hingen in allen Farben glitzernd auf den Kleiderständern, die an den Wänden des Raumes entlang standen. Sternenförmige Ballons, auf denen die jeweiligen Größen zu lesen waren, schwebten darüber. Auf der einen Seite des Raumes befanden sich Umkleidekabinen, auf der anderen gab es Snacks. Schneiderinnen standen bereit, um Änderungen vorzunehmen. Der Abschlussball für Schüler mit Behinderungen war noch über einen Monat hin, aber die Kleideranprobe fand bereits statt, und das war ein ganz besonderes Ereignis.

Als die Mädchen in die extra dafür aufgebaute Boutique kamen, wurden ihnen direkt persönliche Einkaufsberater zugeteilt, die sich ihre Wünsche anhörten und entsprechende Kleider vorschlugen. Obwohl die Mädchen in ihren späten Teenagerjahren oder schon Anfang zwanzig waren, hatten manche keine Ahnung, welche Kleidergröße sie brauchten. Sie waren noch nie zuvor auf einem festlichen Ereignis gewesen, für das sie ein Abendkleid gebraucht hätten. Jedes Mal wenn eines der Mädchen alle in Frage kommenden Kleider anprobiert und sich für eines entschieden hatte, ging sie zum Eingang der Boutique und läutete eine Glocke. Dann jubelten und klatschten alle im Raum.

Es war ein Tag zum Feiern, an dem sich außerdem immer mehr zeigte, dass auch die Eltern davon überwältigt waren, wie gut die Veranstaltung auf ihre Töchter abgestimmt war. So hatten sie die Möglichkeit wie alle anderen Mädchen auch, sich für einen Tag wie eine Prinzessin fühlen zu können. Die Eltern wischten sich immer wieder Tränen der Rührung aus dem Gesicht, und man hörte Bemerkungen wie: „Sie sieht wunderschön aus. Ich hätte nie gedacht, dass sie einmal zu einem Abschlussball gehen würde." und „Das ist unglaublich, was ihr hier veranstaltet.Vielen, vielen Dank."

Für die Mädchen, waren es nicht nur die Kleider, die ihnen das Gefühl gaben, etwas Besonderes zu sein, es war die Art, wie die Menschen dort sich alle Mühe gaben, damit sie sich besonders und wertgeschätzt fühlten. Alle Mitarbeiter taten das ehrenamtlich, denn ihnen lagen die Mädchen offensichtlich aufrichtig am Herzen, und es machte ihnen Freude, sich um diese besonderen Gäste zu kümmern.

*Kristin*

## Die gute Tat für heute:

Was können Sie tun, damit sich ein anderer Mensch ganz besonders fühlt? Setzen Sie alles daran, jemandem durch Ihre Worte oder Taten Freude zu schenken.

TAG 8

# Der einsame Weg

Da rief Petrus: „Herr, wenn du es wirklich bist,
dann befiehl mir, auf dem Wasser zu dir zu kommen."
„Komm her!", antwortete Jesus.
Petrus stieg aus dem Boot und ging Jesus
auf dem Wasser entgegen.

Matthäus 14,28-29

Als unsere Familie einmal auf dem Weg zum Mount Rushmore unterwegs war, beschloss mein Vater, eine Abkürzung über einen Schotterweg zu nehmen. Allmählich verwandelte sich dann der Schotterweg in zwei Fahrspuren mit einem Grasstreifen in der Mitte. Wir fuhren über Weiden und Viehroste, bis wir schließlich auf einem einsamen Hügel abrupt stehen blieben.

Während unsere Familie auf dem Hügel herumlief, hatte mein Vater die Motorhaube geöffnet und schlug den verstopften Luftfilter immer wieder gegen einen Felsen, um ihn zu reinigen. Als dann einer meiner Brüder zum Horizont zeigte, schauten wir zum Himmel und erstarrten. Zwei Kampfflugzeuge kamen lautlos, schnell und sehr tief direkt auf uns zugeflogen. Erst als die Düsenjäger schon fast am Horizont verschwunden waren, traf uns die Schallwelle. Meine Eltern warfen sich einen bedeutungsvollen Blick zu. Wir waren offensichtlich in eine Gegend geraten, in der wir nicht sein sollten. Mein Vater reinigte also hastig den Luftfilter und wir fuhren ohne weitere Verzögerungen dahin zurück, wo wir hergekommen waren.

Mein Vater zieht Abenteuer magisch an. Er hat eine Vorliebe für Schotterwege, egal wohin er fährt. Deshalb gab es, als ich noch klein war, auf unseren Familienausflügen immer wunderbare Dinge zu sehen, verrückte Abenteuer zu erleben und schöne Erinnerungen.

Das Gleiche gilt, wenn wir Gott nachfolgen. Wenn Sie bereit sind, Freundlichkeiten bewusst in jeden Bereich Ihres Lebens einzubauen, werden Sie sich oft auf einem einsamen Weg wiederfinden. Sie werden Gott in schwierigen Umständen vertrauen müssen, wenn alle anderen zweifeln. Sie werden vorwärts gehen, wenn andere zurückweichen, und teilen, wenn andere sich an das klammern, was sie besitzen. Die Evangelien sind voll von Beispielen, in denen Jesus seine Nachfolger aufgefordert hat, einen Glaubensschritt zu wagen, genau wie er Petrus aufgefordert hat, zu ihm aufs Wasser zu kommen. Abgesehen von seinen Zweifeln, war Petrus im Gegensatz zu allen anderen im Boot aber mutig genug, den Schritt zu wagen. Petrus wählte den einsamen Weg, und Jesus fordert uns auf, es genauso zu machen.

*Julie*

## Die gute Tat für heute:

Fragen Sie Gott im Gebet, welche Ihrer Komfortzonen Sie verlassen sollten, und dann wagen Sie den Schritt.

TAG 9

# Freundliche Gewohnheit Nr. 1: Ermutigung

Deshalb sollt ihr einander Mut machen
und einer den anderen stärken, wie ihr es auch schon tut.
1. Thessalonicher 5,11

In der Geschäftigkeit unseres Lebens kann es manchmal eine echte Herausforderung sein, sich etwas Neues anzugewöhnen. Um dagegen anzukämpfen, hat unsere Familie beschlossen, dass wir uns, abgesehen von den kleinen täglichen Freundlichkeiten, die wir tun wollten, jeden Monat auf vier freundliche Gewohnheiten konzentrieren.

Wir schrieben diese vier Gewohnheiten mit schöner Schrift auf Zettel, hängten sie in der Küche an die Pinnwand und sprachen beim Essen darüber. Unsere erste Gewohnheit war, jemand anderen zu ermutigen.

Als ich eines Abends beim Essen fragte, wer wohl Ermutigung brauchen könnte, erzählte uns mein älterer Sohn von einem Klassenkameraden, der chronisch krank war. Der Junge war kein enger Freund meines Sohnes, aber meinem Sohn war aufgefallen, dass er vor kurzem wegen dieser Krankheit einige Tage in der Schule gefehlt hatte. Deshalb bat mein Sohn uns, ihn ein wenig aufzumuntern.

Wir fanden, dass das eine gute Idee war und die Kinder überlegten, was diesen Jungen ermutigen könnte. Sie beschlossen, dass es das Beste wäre, ihm Kinokarten zu schicken und eine Karte zu schreiben. Also holte mein älterer Sohn eine Karte und die Kinder schrieben ermutigende und tröstende Worte an einen Jungen, den sie kaum kannten.

Am nächsten Morgen nahm mein Sohn den Gutschein und die Karte mit in die Schule, erklärte der Sekretärin, was wir vorhatten und fragte sie, ob sie beides an den Jungen und seine Familie schicken könnte. Sie war sofort dazu bereit und dankte meinem Sohn für seine Aufmerksamkeit. Als er nach Hause kam, erzählte er uns, was er erlebt hatte und wie gut es sich angefühlt hatte, jemanden zu ermutigen, der ein wenig Unterstützung nötig hatte.

Einander zu ermutigen und aufzubauen kann so einfach sein, aber dazu müssen wir die Bedürfnisse um uns herum bewusst wahrnehmen. Genau wie mein Sohn es getan hat, können wir jeden Monat jemandem ein Karte schicken, jemanden anrufen oder jemandem auch nur eine Textnachricht schicken, um zu zeigen, dass sie nicht vergessen sind und andere Menschen ihre Bedürfnisse sehen.

*Kendra*

## Die gute Tat für heute:

Schreiben Sie jemandem, der eine kleine Aufmunterung braucht, einen ermutigenden Brief oder eine aufbauende Textnachricht.

TAG 10

# Freundliche Gewohnheit Nr. 2: danken

Dankt dem Herrn, ruft seinen Namen laut aus,
macht unter den Völkern seine großen Taten bekannt!
Psalm 105,1

Die zweite Gewohnheit, die uns als Familie helfen soll, jeden Monat anderen Menschen mit mehr Freundlichkeit zu begegnen, ist, jemandem zu danken. Hier versuchen wir immer, Menschen zu finden, die für ihre Arbeit nicht viel Dank erhalten. Meine Kinder haben zum Beispiel den Putzfrauen in ihrer Schule dafür gedankt, dass die Toiletten sauber sind, oder unseren Nachbarn, dass sie uns im Winter beim Schnee schaufeln helfen, und unserem Pastor, dass er sich jede Woche so viel Mühe mit der Predigt macht.

Jedes Mal, wenn wir eine Karte schreiben, um jemandem zu danken, überlegen wir, wofür wir diesen Menschen dankbar sind und schreiben alles auf, was sie getan haben, um uns Gutes zu tun. Meine Kinder schreiben diese Karten selbst und überreichen sie dann bei passender Gelegenheit. Mittlerweile ist aus der Suche nach Menschen, die ein Dankeschön verdienen und es viel zu selten erhalten, ein richtiger Wettbewerb entstanden. Und wir als Familie haben dadurch ein viel dankbareres Herz all diejenigen gegenüber, die uns Gutes tun.

Wie leicht ist es, so schnell durch den Tag zu eilen, dass wir gar nicht bemerken, wo andere uns geholfen oder die Welt ein bisschen besser gemacht haben. Aber wie viel ärmer wäre dann unser Leben? Als unsere Kinder der Putzfrau ihrer Schule ihre selbst geschriebene Dankeschönkarte gegeben haben, war sie so überrascht, dass sie ihnen sagte, das sei das erste Mal, dass ihr jemand so eine Karte geschrieben habe. Wenn wir uns jedoch die Zeit nehmen, wahrzunehmen was andere tun, vor allem wenn es hinter den Kulissen geschieht, erinnert uns das daran, wie dankbar wir für die Menschen um uns herum sind, und wie oft wir davon profitieren, dass jemand seine Arbeit gut macht. Diese „Dankeschöns" sind einfach eine weitere Art, unseren Herrn zu loben und seine Taten bekannt zu machen.

*Kendra*

## Die gute Tat für heute:

Machen Sie sich einmal die harte Arbeit eines anderen Menschen in Ihrer Umgebung bewusst und schreiben Sie dieser Person eine Karte, in der Sie alles aufzählen, wofür Sie dieser Person dankbar sind.

TAG 11

# Freundliche Gewohnheit Nr. 3: Gutes tun

Wer anderen Gutes tut, dem geht es selber gut;
wer anderen hilft, dem wird geholfen.
Sprüche 11,25

Die dritte Gewohnheit, die uns hilft, die Freundlichkeit im Blick zu behalten, ist, jemandem etwas Gutes zu tun. Das kann auf die unterschiedlichsten Weisen geschehen. Man kann einem Nachbarn, der einen Angehörigen verloren hat, Blumen schicken, einen Nikolausstiefel für Kinder aus sozial schwachen Familien füllen, Schulmaterialien kaufen für Familien mit geringem Einkommen oder in einer Suppenküche mitarbeiten. Es gibt keine Grenzen dafür, wem man etwas Gutes tun kann oder was man Gutes tun kann.

Manchmal tun meine Kinder auch Kleinigkeiten für andere, zum Beispiel lassen sie ein Kind mitspielen, das von anderen immer ausgelassen wird, oder sie teilen ihre Spielsachen mit anderen Kindern. Wir Erwachsene haben Leute zum Essen eingeladen, jemanden irgendwo hingefahren, der kein Auto hatte und Zeit mit Menschen verbracht, die jemanden zum Reden brauchten.

Es gibt viele Möglichkeiten, anderen etwas Gutes zu tun. Uns selbst und unseren Kindern beizubringen, die Bedürfnisse anderer Menschen wahrzunehmen und darauf einzugehen, ist eine Art, wie wir alle jeden Monat lernen, freundlicher zu sein. Wenn wir nicht wissen, wo wir anfangen oder was wir tun können, dann stellen wir unseren Kindern (und uns selbst) folgende Fragen: Was haben andere dir Gutes getan? Gibt es jemanden, für den wir genau dasselbe tun könnten?

Anderen etwas Gutes zu tun, kann ganz greifbar sein, wie zum Beispiel jemandem einen Kaffee oder eine Mahlzeit zu spendieren, oder es kann mit Worten geschehen, indem wir einer Person sagen, was derjenige uns Gutes getan hat. Wir müssen nicht immer Geld ausgeben, um anderen eine Freundlichkeit zu erweisen. Manchmal reicht es schon aus, dass wir einfach für die Menschen um uns herum da sind. Außerdem sollten wir auch immer bedenken, dass unsere freundlichen Taten nicht nur anderen nützen, sondern letztlich auch uns selbst. In Sprüche 11 heißt es, dass es demjenigen, der anderen Gutes tut, selbst gut geht, und wer anderen hilft, dem wird geholfen. Wie viel Gutes können wir erleben, wenn wir einfach anderen Gutes tun.

*Kendra*

## Die gute Tat für heute:

Suchen Sie sich jemanden in Ihrer Umgebung aus,
dem Sie etwas Gutes tun können, und achten Sie darauf,
ob es dadurch nicht auch Ihnen gut geht.

TAG 12

# Freundliche Gewohnheit Nr. 4: dienen

**Jeder soll dem anderen mit der Begabung dienen, die ihm Gott gegeben hat. Wenn ihr die vielfältigen Gaben Gottes in dieser Weise gebraucht, setzt ihr sie richtig ein.**

1. Petrus 4,10

Die vierte Gewohnheit, das Dienen, muss man sich bewusst vornehmen, aber sie bleibt auch am meisten im Gedächtnis haften, weil man dazu Zeit und Ressourcen opfern muss.

In meiner Familie haben wir das Dienen zu einem Teil unserer täglichen Freundlichkeiten gemacht, indem wir im Winter die Einfahrt des Nachbarn freischaufeln oder nach dem Haus der Nachbarn schauen, wenn sie im Urlaub sind. Wir versuchen, das ganze Jahr über Aktivitäten in der Kirche oder einer gemeinnützigen Organisation bei uns am Ort zu finden, bei denen wir mitarbeiten und so anderen dienen können. Wir haben schon in Obdachlosenheimen gearbeitet, Parks sauber gemacht, Schulen oder Dorfgemeinschaftshäuser gestrichen und im örtlichen Altenheim Fenster geputzt.

Es gibt so viele kreative Arten, anderen Menschen zu dienen. Man kann es offiziell tun, wie zum Beispiel durch Mitarbeit im Obdachlosenheim, oder inoffiziell, indem man einem Nachbarn spontan hilft. Abgesehen davon, dass man wirklich freundlich handelt, erinnert uns das Dienen auch daran, dass wir die Bedürfnisse anderer über unsere eigenen stellen sollten. Es steigert unseren Wunsch, anderen zu helfen.

Das Dienen ist praktische Freundlichkeit und der äußerliche Ausdruck dafür, dass wir mit anderen verbunden sind. Es erlaubt uns, die Gaben, die Gott uns gegeben hat, einzusetzen. Wenn wir erst einmal anfangen, die Bedürfnisse der Menschen um uns herum wahrzunehmen, ist es schwer, damit wieder aufzuhören – und noch schwerer, sich nicht darum zu kümmern. Die Gewohnheit zu dienen geht uns immer mehr in Fleisch und Blut über, je mehr wir sie praktizieren.

Die vier Gewohnheiten, die ich hier beschrieben habe, können Sie als tägliche freundliche Taten ausüben oder zusätzlich zu dem, was Sie ohnehin schon täglich tun. Ziel ist es, diese vier Gewohnheiten fest in unserem Leben zu verankern und nicht dabei stehenzubleiben, nur die gewohnten Dinge zu tun. Durch sie werden wir daran erinnert, täglich Freundlichkeit zu praktizieren, statt nur ab und zu als gelegentliche nette Geste.

*Kendra*

## Die gute Tat für heute:

Überlegen Sie sich, wie Sie einer Person in Ihrem Leben auf ganz einfache Art dienen können, oder gehen Sie einen Schritt auf ein größeres Projekt zu, das Sie in Ihrer Umgebung umsetzen möchten.

TAG 13

# Jemandem ein offenes Ohr leihen

Hiob hatte drei Freunde: Elifas aus Teman,
Bildad aus Schuach und Zofar aus Naama.
Als sie von dem Unglück hörten,
das über ihn hereingebrochen war,
vereinbarten sie, Hiob zu besuchen.
Sie wollten ihm ihr Mitgefühl zeigen und ihn trösten.

Hiob 2,11

„Es tut mir so leid. Ich weiß nicht, was ich sagen soll – es tut mir leid."

Das sagte eine gute Freundin beim Abendessen zu mir, wenige Tage nachdem ich erfahren hatte, dass meine Schwester erneut Krebs hatte und diesmal einen noch aggressiveren Tumor als zuvor. Es stand nicht gut um sie.

Obwohl sich niemand aus meinem Umfeld traute, es laut zu sagen, wusste ich, dass alle das Gleiche dachten: Diesmal wird sie es vielleicht nicht schaffen. Im Gegensatz dazu klangen die Dinge, die die Menschen laut sagten, platt und oberflächlich. Ich wusste, dass sie es gut meinten mit Sätzen wie: „Gott hat alles in der Hand" und „Es wird für sie schon alles gut werden".

Ich war dankbar für das Mitgefühl, aber ich war mir nicht so sicher, dass schon alles wieder gut würde. Als ich meiner Freundin so gegenübersaß, und das Leben um uns herum ganz normal weiterging, hörte sie mir zu, als ich ihr noch einmal erklärte, was mit meiner Schwester los war.

Und dann wartete ich darauf, dass sie genauso reagieren würde wie so viele vor ihr – mit warmen Gedanken. Aber das tat sie nicht.

Stattdessen sah sie mich mit Tränen in den Augen an und sagte einfach: „Das tut mir so leid. Ich weiß nicht, was ich sagen soll – das tut mir leid. Es tut mir so schrecklich leid, dass dir und deiner Schwester und deiner Familie das passieren muss."

Und dann schwieg sie und ließ die Trauer über das alles zwischen uns stehen. Sie hatte keine schnellen Antworten oder billigen Ermutigungen parat. Und das war genau das, was ich nach einer der schwersten Wochen meines Lebens brauchte: jemanden, der bereit war, in meiner Trauer einfach bei mir zu sein.

Es hat etwas, wenn man einfach bei jemandem bleiben kann, der leidet. Innehalten zu können – die vielen Ablenkungen des Lebens unterbrechen – und das Leid eines anderen einfach zulassen. Sich eins machen mit jemandem in seinem Schmerz.

Seien Sie immer bereit, jemandem zuzuhören; aber überlegen Sie ganz genau, bevor Sie selbst reden. Ihr Schweigen ist vielleicht genau der Trost, den der andere braucht.

*Kendra*

## Die gute Tat für heute:

Nehmen Sie sich ein wenig Zeit, um jemandem zuzuhören,
der gerade eine schwere Zeit durchmacht,
ohne gleich Ratschläge oder Binsenweisheiten zu erteilen.
Bieten Sie demjenigen lieber an, für ihn oder mit ihm zu beten.

TAG 14

# Taten sprechen lauter als Absichten

Jetzt wisst ihr das und könnt euch glücklich schätzen, wenn ihr auch danach handelt.
Johannes 13,17

Es gibt da ein altes Sprichwort, das mir in den Sinn kommt, während ich darüber nachdenke, was es konkret bedeutet, bewusst Gutes zu tun: „Der Weg in die Hölle ist mit guten Vorsätzen gepflastert."

Wie oft habe ich das Gefühl gehabt, ich sollte jemanden anrufen, der gerade eine schwere Zeit durchmacht, um ihm meine Zeit, meine Kraft oder mein Geld zu schenken und habe es dann doch nicht getan? Wahrscheinlich öfter als mir lieb ist.

Seien wir mal ehrlich: Es kommt häufig ungelegen, sich an unseren ohnehin schon überfüllten Tagen, Nächten und Wochenenden noch Zeit zu nehmen, um auf diese Eingebungen einzugehen. Ich muss zugeben, mir ist es schon zu oft so gegangen. Aber immer, wenn ich darauf eingegangen bin – wenn ich Ja gesagt habe und mitten in meinem geschäftigen Leben innegehalten habe, um jemandem in seiner Not zu begegnen –, habe ich das nicht bereut.

Es genügt nicht, allein gute Absichten zu haben; wir müssen Gottes Wort auch in die Tat umsetzen, so wie wir es bei Johannes lesen. Wir sollten unsere Vorsätze in praktische, greifbare Taten umsetzen. Wenn wir das nicht tun, machen wir uns selbst etwas vor und glauben, wir würden nach der Bibel leben. Es ist nicht immer leicht, gute Ideen in die Praxis umzusetzen, aber es kann einfach sein.

Wir sind alle dazu berufen, Salz und Licht dieser Welt zu sein und großzügig zu handeln. Wenn wir das Gefühl haben, wir sollten jemandem helfen, haben wir die Möglichkeit, das zu ignorieren. Aber wenn wir bewusst positiv auf dieses Gefühl eingehen, kann das für den anderen unter Umständen lebensverändernd sein. Womöglich haben wir die Möglichkeit, für diese eine Person in diesem einen Moment Christus widerzuspiegeln. Oft sind es nicht die großen Gesten, die die Welt verändern, sondern die kleinen Dinge – diese Augenblicke von Herz zu Herz und von Angesicht zu Angesicht – die die größte Wirkung haben.

*Julie*

## Die gute Tat für heute:

Was haben Sie in letzter Zeit gedacht oder gesagt,
das Sie tun möchten?
Setzen Sie diese Absicht in die Tat um.

TAG 15

# In Spaß investieren

Wo nämlich euer Schatz ist,
da wird auch euer Herz sein.
Lukas 12,34

Mein Mann liebt Filme. Abends im Bett liest er meistens eine Filmkritik oder schaut sich einen Trailer an. Als wir frisch verheiratet waren, gönnten wir uns hin und wieder einen „Bett-Tag", an dem wir uns im Wohnzimmer auf dem Boden vor dem Fernseher ein gemütliches Lager machten und einen ganzen Tag lang Filme schauten. Jetzt wo wir drei kleine Kinder haben, ist es vorbei mit diesen Tagen am Wochenende, an denen wir nur herumgelegen und nichts getan haben. Aber wir haben uns den Veränderungen angepasst und wir haben uns eine Variante dieses Tages ausgedacht, an der die ganze Familie teilnehmen kann: Wir legen uns abends oder am Wochenende auf großen Kissen auf den Boden, die Kinder liegen dann zwischen den Eltern, und wir schauen uns zusammen Barbie- oder LEGO-Filme an.

Daher überraschte es mich nicht, als Tim die Idee hatte, dass unsere Gemeinde an einem Samstagvormittag das örtliche Kino mieten und zu einem kostenlosen Film und Popcorn einladen könnte? Es sollten außerdem nicht nur die Gemeindekinder eingeladen sein, sondern auch alle Leute, die sie gerne mitbringen würden.

Unsere Gemeindeleitung stimmte dem Vorschlag zu. Also wählten wir einen familienfreundlichen Zeichentrickfilm aus und fingen an, die Leute einzuladen. Für die Kinder unserer Gemeinde war die Veranstaltung eine Belohnung, wenn sie ihre Bibelverse lernten und ihre Freunde in die Gemeinde einluden. Auf diese Weise „verdienten“ sie sich den Eintritt zum Film. Aber für die Menschen außerhalb unserer Gemeinde gab es keinerlei Bedingungen. Wir wollten einfach nur, dass sie sich entspannten und bei uns wohlfühlten. Unsere Gemeinde hat diese Veranstaltung in den letzten drei Jahren jeweils einmal durchgeführt, und jedes Mal kamen Hunderte von Eltern mit ihren Kindern. Scheinbar ist mein Mann nicht der einzige, der Filme mag.

Im Lukasevangelium heißt es, dass der Ort, an dem unser Schatz ist, etwas über unser Herz verrät. Manchmal habe ich das Gefühl, dass ich mich nur für große, wichtige Dinge einsetzen sollte. Aber so etwas wie eine Filmvorführung für unseren Ort zeigt mir, dass es auch ein Segen für die Menschen sein kann, wenn wir uns in Dinge investieren, die einfach nur Spaß machen – in kleine Augenblicke, die zeigen, dass unser Herz für andere offen ist.

*Kristin*

## Die gute Tat für heute:

Überlegen Sie einmal, wie Sie Ihr Hobby oder Ihre Begeisterung für bestimmte Dinge mit jemandem teilen können.

TAG 16

# Kleine Dinge mit viel Liebe tun

Alles, was ihr tut, soll in Liebe geschehen.
1. Korinther 16,14

Als sie gerade mal vierzehn war, verlor meine Mutter ihre Mutter. Meine Mutter war das jüngste von vier Kindern, und ihre älteren Geschwister waren damals bereits erwachsen. Also lebte sie alleine bei ihrem Vater.

Als sie damals für ein gemeinsames Mittagessen in ihrer Gemeinde ein Gericht beisteuern sollte, verriet meine Mutter einer guten Freundin, dass sie nicht wusste, wie sie das anstellen sollte. Die Mütter all ihrer Freundinnen würden etwas kochen, und sie wusste nicht einmal, wie man den Wackelpudding machte, den man ihr aufgetragen hatte. Ihre Freundin erzählte daraufhin ihrer Mutter von dem Dilemma meiner Mutter. Daraufhin nahm sich die Mutter dieser Freundin die Zeit, um ihr drei Seiten mit Wackelpuddingrezepten aufzuschreiben, damit meine Mutter jederzeit etwas mitbringen konnte, wenn in der Gemeinde ein gemeinsames Essen stattfand.

Das Lustige an diesen Rezepten ist, dass meine Mutter sie immer noch hat, obwohl sie mittlerweile völlig vergilbt sind. Sie belegen immer noch die Freundlichkeit einer Mutter gegenüber einer jungen Frau, die Hilfe brauchte. Eine Version mit Erdbeeren und Schlagsahne ist mit den Jahren sogar für unsere Familie zum Lieblingsrezept geworden.

Wenn ich diese Geschichte von meiner Mutter höre und sehe, wie sie die Rezepte herausholt und mit der Hand liebevoll über die vergilbten Seiten streicht, bin ich mir sicher, dass jene Mutter nicht wusste, dass diese Rezepte der Freundin ihrer Tochter sogar 50 Jahre später noch etwas bedeuten würden. Sie ahnte nicht, dass diese handgeschriebenen Rezepte eine Erinnerung an die Freundlichkeit einer anderen Person in einer schwierigen Lage sein würden.

Wenn wir alles mit Liebe tun, fangen wir an zu erkennen, dass wir mit Kleinigkeiten einen großen Einfluss auf das Leben eines anderen Menschen haben können. Wer weiß, vielleicht erzählt jemand in 50 Jahren einmal die Geschichte von deiner Freundlichkeit, die derjenige erlebt hat, als er sie am meisten brauchte.

*Kendra*

## *Die gute Tat für heute:*

Nehmen Sie sich Zeit,
auf ein einfaches Bedürfnis eines anderen Menschen
zu hören und ihm in Liebe zu begegnen.

TAG 17

# Sprachlos

Ohne Holz geht ein Feuer aus,
und ohne ein Lästermaul legt sich der Streit.

Sprüche 26,20

Ich bin dabei, bewusst zu lernen, ein Mensch zu sein, bei dem Klatsch endet, statt ihn zu verbreiten.

Versteh mich nicht falsch, es sind nicht die großen Dinge, bei denen ich stolpere. Ich kann Geheimnisse und vertrauliche Dinge problemlos für mich behalten. Es sind die Kleinigkeiten – die Dinge, die scheinbar harmlos und bedeutungslos sind – bei denen ich mich ertappe, wie ich sie gedankenlos weitererzähle. Ich habe mich zwar nie als die klassische Klatschtante gesehen, aber es ist erstaunlich, wie verführerisch es ist, diese kleinen Details weiterzutragen, die ich im Pausenraum, im Gemeindefoyer oder bei einer Unterhaltung mit einer Freundin erfahren habe, vor allem wenn es alle machen. In diese Falle tappe ich plötzlich und unerwartet, und meistens wünsche ich mir in dem Augenblick, in dem die Worte aus meinem Mund kommen, dass ich sie einfangen und wieder hineinstopfen könnte.

Mein Ziel ist es, nichts von dem, was ich um mich herum sehe oder höre, zu wiederholen, wenn es nicht gut oder notwendig ist. (Versteh mich nicht falsch: Alles was eine Gefahr für Geist, Leib und Seele ist, muss bloßgestellt und beendet werden.) Ich bin darin noch nicht perfekt, und ich merke, dass diese Bemühung, meine unbeherrschte Zunge zu zügeln, ein Weg und kein Ziel ist. Aber mein Entschluss, nicht zu tratschen, auch nicht bei Kleinigkeiten, hat mir schon öfter dabei geholfen, meinen Mund zu halten und den Finger nicht auf den Senden-Button auf dem Computer oder Handy zu legen. Mit der Zeit fällt es mir immer leichter, meine Zunge im Zaum zu halten.

Manchmal besteht größte Freundlichkeit, die man jemandem erweisen kann, darin, sich nicht an den Gesprächen hinter seinem Rücken über seinen Charakter oder sein Leben zu beteiligen. Wenn man den Brennstoff wegnimmt, geht das Feuer aus, wie es in dem Vers im Buch der Sprüche so schön heißt. Oft genügt schon eine Person, um das Gespräch sanft vom Tratsch fort zu einem produktiveren Thema zu lenken.

*Julie*

## *Die gute Tat für heute:*

Weigern Sie sich eine Woche lang, Bemerkungen zu wiederholen, die weder nett noch notwendig sind. Beobachten Sie dabei, ob Sie nicht weniger versucht sind zu tratschen, wenn Sie lernen, Ihren Mund zu halten.

TAG 18

# Helfende Hände

Durch ihn ist der Leib fest zusammengefügt, denn er verbindet die Körperteile durch die verschiedenen Gelenke miteinander. Jeder einzelne Teil leistet seinen Beitrag. So wächst der Leib und wird aufgebaut durch die Liebe.

Epheser 4,16

Ich muss ehrlich zugeben, dass ich kein Herz für Kinder habe. Natürlich liebe ich meine eigenen Kinder, und auch meine Nichten und Neffen und andere Kinder, die ich kenne, haben einen besonderen Platz in meinem Herzen. Aber ganz allgemein habe ich kein Herz für Kinder. Als Teenager war ich Babysitter, weil ich hilfsbereit sein wollte, aber ich war nicht von Herzen dabei. Gott segne alle Erzieher und Tagesmütter, denn nur bei dem Gedanken in einem dieser Berufe arbeiten zu müssen, bekomme ich die Krise.

Deshalb war ich von mir selbst überrascht, dass ich mich freiwillig gemeldet habe, um jede zweite Woche in unserer Gemeinde in der Krabbelgruppe mitzuarbeiten. Diese Idee war aus einer Notwendigkeit entstanden, denn sie brauchten in diesem Bereich mehr Mitarbeiter, und ich hatte selbst Kinder im Krabbelalter, also erschien es nur logisch, dass ich half.

Mit der Zeit musste ich feststellen, dass es mir sogar Spaß machte. Das Chaos machte mir nichts aus. Ich knuddelte die Kinder gerne so lange, bis sie sich trauten, alleine loszugehen und sich ein Spielzeug zu suchen. Und ich liebte es zuzusehen, wie die Kinder sich entwickelten, angefangen von 18 Monaten, wenn sie in die Gruppe kommen, bis zu ihrem „Abschluss", wenn sie mit drei Jahren in die nächsthöhere Gruppe kamen. Obwohl es nicht meine Kinder waren, machte es trotzdem Freude zuzusehen, wie sich ihre Persönlichkeiten entwickelten.

Manchmal sollten wir unsere Gaben einsetzen, um Gott und anderen zu dienen. Aber hin und wieder sollten wir einfach nur unsere Hände einsetzen – ohne eine spezielle Begabung. Teil einer Gemeinschaft zu sein bedeutet, dass wir ab und an die Bedürfnisse der Gruppe über unsere stellen und als Leib Christi zusammenarbeiten müssen. Wenn wir Gott und andere ehren, indem wir bereit sind zu dienen, erleben wir unerwarteten Segen, wie zum Beispiel eine Umarmung von einem süßen Kind, Kameradschaft mit anderen Mitarbeitern und Freundschaft mit neuen Familien in der Gemeinde.

Überlegen Sie einmal, in welchem Bereich Gott vielleicht möchte, dass Sie mitarbeiten, weil Sie zwei fähige Hände haben, die eine bestimmte Aufgabe erledigen können, obwohl Sie dafür nicht sonderlich begabt sind.

*Kristin*

## *Die gute Tat für heute:*

Dienen Sie jemandem eine Stunde lang,
egal ob Sie die besondere Begabung
für die Arbeit haben oder nicht.

TAG 19

# Wenn eine freundliche Tat sich als Pleite entpuppt

Lasst uns also nicht müde werden, Gutes zu tun. Es wird eine Zeit kommen, in der wir eine reiche Ernte einbringen. Wir dürfen nur nicht vorher aufgeben!

Galater 6,9

„Das war ein totaler Reinfall", murmelte ich, während ich mit meinem Mann Kyle zusammen Geschirr spülte.

Wir hatten gerade versucht, vor unserem gemeinsamen Abendessen mit unseren Kindern eine Andacht zu halten. Aber um unsere ernsthaften Gespräche zu boykottieren, hatte die Kleinste beschlossen, in ihrem Hochstuhl zu schreien, und mein jüngster Sohn konnte es sich nicht verkneifen, dumme Kommentare zu machen und die anderen zum Lachen zu bringen.

Das ernsthafte Gespräch, das ich während des Essens geplant hatte, ging also schnell den Bach hinunter, zusammen mit dem Essen, das auf dem Boden landete. Mein Geduldsfaden wurde immer dünner, und ich sagte den Kindern, sie sollten sich mit dem Essen beeilen, damit ich in Ruhe aufräumen konnte. Der laute Seufzer, der dann folgte, war ein allzu offensichtliches Zeichen dafür, dass ich müde war und genug hatte.

Nicht alles, was wir uns vornehmen, funktioniert. Nicht jede freundliche Tat wird zu einem lehrreichen Moment. Meine Kinder sind mitfühlend und liebevoll, aber es sind immer noch Kinder, die manchmal einen Wutanfall bekommen, schreien, wütend werden und gierig sind.

Warum versuche ich es trotzdem? Warum sollte ich weiter versuchen, ihnen Freundlichkeit beizubringen?

Weil meine Kinder wissen müssen, dass sich die Welt nicht um sie dreht. Anderen Menschen etwas Gutes zu tun, hat meine Familie auf eine Art Dankbarkeit und Mitgefühl, Gnade und Demut gelehrt, wie kaum etwas anderes. Und deshalb werde ich nicht aufgeben, auch wenn ich es einmal vermassele oder meine Kinder es einfach nicht begreifen wollen. Ich werde nicht müde, Gutes zu tun, weil ich weiß, dass Gott uns eine reiche Ernte verspricht, wenn wir nicht aufgeben. Ich fange an zu verstehen, dass ein Leben ohne Güte so ähnlich ist wie ein Leben ohne Christus. Und letzten Endes möchte ich, dass meine Kinder diese guten Taten – auch die vermasselten – als Taten Christi sehen, als ein Stück Himmel auf Erden.

*Kendra*

## Die gute Tat für heute:

Denken Sie an die letzte gute Tat,
die nicht so funktioniert hat, wie Sie gehofft hatten.
Statt sich davon entmutigen zu lassen,
können Sie überlegen, was Sie daraus gelernt haben.

TAG 20

# Frühmorgens

Durch die Liebe, die du anderen erwiesen hast,
habe auch ich viel Freude und Ermutigung erfahren,
denn ich weiß, wie oft du, lieber Bruder,
andere Christen in ihrem Glauben gestärkt hast.

Philemon 7

Ich liebe Kaffee. Ich bin zwar ganz eindeutig koffeinsüchtig, aber ich habe gemerkt, dass ich das Ritual des morgendlichen Kaffees mehr liebe als den Energieschub, den er mir verleiht. Ich liebe es, jeden Arbeitstag mit einem Becher meines von Hand aufgebrühten Lieblingskaffees in den Händen zu beginnen und mir an der heißen Flüssigkeit die Finger zu wärmen. Dieses kleine Ritual erfüllt mich mit Frieden, während ich die Mails in meinem Postfach lese, meinen Anrufbeantworter abhöre und anfange, meine tägliche Aufgabenliste abzuarbeiten.

Eines Tages kam ich früher als gewöhnlich ins Büro. Ich war der erste Kaffeetrinker auf meiner Seite des Gebäudes, und als ich in die nächstgelegene Teeküche kam, stellte ich fest, dass noch niemand Kaffee gekocht hatte. Also stellte ich die erste Kanne auf, ließ meinen Becher dort stehen und ging nur kurz zurück in mein Büro, denn ich wollte gleich wieder zurückkommen. Doch dann war ich so in die Vorbereitungen für eine Besprechung an diesem Morgen vertieft, dass ich meinen Kaffee und meinen Koffein-Kick vollkommen vergaß.

Erst als ich ein sanftes Klopfen an meiner Tür hörte, schaute ich von meiner Arbeit wieder auf und sah eine Kollegin, die ich nicht näher kannte, mit meinem Kaffeebecher in der Hand in der

Tür stehen. Sie kam herein, reichte mir den Becher mit dem frisch gebrühten Kaffee und sagte: „Ich weiß doch, dass du gerne Kaffee trinkst, deshalb dachte ich, ich bringe dir deine Tasse."

Im Großen und Ganzen war das nur eine Kleinigkeit. Sie hat meinen Kaffeebecher gefüllt und ihn mir ins Büro gebracht. Aber für mich war es so unerwartet, dass ich es als unglaublich lieb von ihr empfand und es mir den Morgen gerettet hat. Es hat mir sogar den ganzen Tag gerettet.

Die Bibel sagt, wir sollen den Menschen bei jeder Gelegenheit etwas Gutes tun. Manchmal muss man nach entsprechenden Kleinigkeiten Ausschau halten. An diesem Morgen entdeckte meine Kollegin eine Gelegenheit, für jemanden zu sorgen, und sie hat sich die Mühe gemacht, eine Kleinigkeit zu tun, die eine große Wirkung entwickelt.

*Julie*

## Die gute Tat für heute:

Überlegen Sie sich,
wie Sie jemanden mit einer Kleinigkeit
überraschen und demjenigen
etwas Gutes tun können.

SCHREIBEN SIE
**ermutigende Worte**
IN EIN HÜBSCHES NOTIZBUCH
UND SCHENKEN
SIE ES JEMANDEN ZUR
ERMUTIGUNG.

BRINGEN SIE EINEN

**Blumenstrauß**

AUF DIE PSYCHIATRISCHE ABTEILUNG IHRES ÖRTLICHEN KRANKENHAUSES.

TAG 21

# Mentoring als gute Tat

Eine Generation soll der anderen
von deinen Taten erzählen und schildern,
wie machtvoll du eingegriffen hast.

Psalm 145,4

An meiner ersten Stelle nach der Uni hatte ich immer das Gefühl, mit meinen Aufgaben völlig überfordert zu sein. Ich war gerade 21, und die Arbeit mit Hospiz-Patienten und ihren Familien war für mich schier überwältigend und einschüchternd. Doch zum Glück hat mir meine Chefin geholfen, dieses harte erste Jahr zu überstehen. Sie war eine weise, ältere Frau, die schon viele Jahre auf diesem Gebiet gearbeitet hatte und wusste, dass ich Unterstützung brauchte. Sie verbrachte jeden Monat Stunden damit, mit mir die einzelnen Fälle durchzugehen und bot mir sowohl fachliche als auch persönliche Unterstützung an. Wenn ich heute zurückschaue, wird mir klar, wie wichtig es war, dass sie sich Zeit genommen hat, um mich als junge Mitarbeiterin zu begleiten.

Vor kurzem erzählte eine junge Mutter in meiner Bibelstudiengruppe, dass ein älteres Ehepaar aus der Gemeinde sie und ihre Familie unter ihre Fittiche genommen habe. Meine Freundin war nicht in einer christlichen Familie aufgewachsen und hatte daher unzählige Fragen zu dem Thema, wie sie ihre Kinder im christlichen Glauben erziehen könnte. Ihre älteren, erfahreneren Freunde helfen ihr mit ihrer Weisheit, Liebe und Unterstützung, wo auch immer sie es braucht.

Wir haben in jeder Phase unseres Lebens die Fähigkeit, andere zu begleiten. Wenn wir noch neu im Berufsleben sind, können wir Teenagern helfen, die sich entscheiden müssen, was sie mit ihrem Leben anfangen wollen. Wenn wir beruflich gefestigt sind, können wir die neuen Mitarbeiter in unserer Abteilung unter unsere Fittiche nehmen. Auch wenn wir schon in Rente sind, können wir jüngeren Generationen unsere Weisheit anbieten – eine Weisheit, die gewachsen ist, weil wir die Herausforderungen des Lebens gemeistert haben.

Andere zu begleiten ist eine Art, wie wir Gottes Gebot aus Psalm 145 befolgen können: Wir sollen einander von Gottes großen Taten erzählen und schildern, wie machtvoll er eingegriffen hat. Jeder von uns hat etwas zu geben, und wenn wir unsere Erfahrung an andere weitergeben, tun wir der Person nicht nur etwas Gutes, sondern wir geben auch Gott die Ehre.

*Kendra*

## Die gute Tat für heute:

Nehmen Sie sich etwas Zeit, um jemanden zu begleiten, der vielleicht ein wenig Ermutigung, Anleitung oder Unterweisung braucht.

TAG 22

# Ihr Zuhause ist ein besonderes Kapital

Nehmt einander gastfreundlich auf
und klagt nicht über die vermehrte Arbeit.
1. Petrus 4,9

Bei uns zu Hause passieren manchmal komische Dinge. So kamen zum Beispiel vor einiger Zeit einige Mitglieder einer örtlichen gemeinnützigen Organisation mitsamt einem Kameramann zu uns und stellten für Videoaufnahmen unser Haus völlig auf den Kopf. Meinen Esszimmertisch wickelten sie in Folie und Papier ein und stellten ihn ins Wohnzimmer und mein Sofa zerlegten sie und schoben es in zwei andere Zimmer. Es gab Kaffee und Gespräche im Überfluss, und das ganze Haus war voller Menschen und Lichter und Bastelarbeiten. Als anschließend einige von ihnen mir dankten, dass sie unsere Räume für die Aufnahmen nutzen durften, meinte ich nur achselzuckend, dass mir das nichts mache.

Es stimmte, aber aus einem völlig anderen Grund als sie vielleicht dachten. Meine Herzenshaltung hatte sich radikal geändert, als ich die Geschichte vom Haus meiner Freunde gehört hatte. Vor einigen Jahren hatten sie überlegt, dass ihnen auch ein kleineres Haus genügen würde, und wollten sich verkleinern. Aber nachdem sie weiter darüber nachgedacht hatten, beschlossen sie, doch zu bleiben, wo sie waren, aber mit einer anderen Einstellung. Sie wollten ihr Haus nicht mehr als ihren Besitz ansehen, sondern als ein weit einzusetzendes Kapital, wie jedes andere auch. Statt es zu bewahren, wollten sie es auf verschiedene

Weisen nutzen: um Gemeinschaft mit anderen Menschen zu haben, um es für Sitzungen verschiedener Gruppen zur Verfügung zu stellen und um neue Freunde dorthin einzuladen, um auch sie zu ermutigen, mit ihrem Besitz etwas Gutes zu tun.

Als wir ihre Geschichte hörten, fühlten mein Mann und ich (vor allem ich, mit meinem manchmal einsiedlerhaften Verhalten) uns ertappt. Wie oft hatten wir unser Haus in den letzten Monaten für andere geöffnet? Und wenn wir es getan haben, wie oft haben wir es mürrisch statt freudig getan, wie es uns die Bibel sagt?

Mit dieser Geschichte im Hinterkopf sagte ich Ja, als mein Mann mich das nächste Mal fragte, ob wir ein Ehepaar einladen könnten, das er grade kennengelernt hatte. Und wenn sich Gelegenheiten ergaben, ein Treffen bei uns zu veranstalten, sagte ich so oft wie möglich zu. So kam es, dass ich auch Ja sagte, als man mich fragte, ob ich Gastgeberin für das Videoteam sein könnte, sogar mit freudigem Herzen.

*Kristin*

## Die gute Tat für heute:

Betrachten Sie Ihr Zuhause als Kapital,
das sie gerne zur Verfügung stellen, oder als Ihren Besitz?
Nutzen Sie Ihr Heim, um jemanden zu ermutigen
oder jemandem zu helfen, indem Sie ihn einladen.

TAG 23

# Wenn dein Nein ein Ja sein sollte

Tut eure Arbeit mit Eifer und Freude,
als würdet ihr Gott dienen und nicht Menschen.
Vergesst nicht, dass der Herr euch mit dem himmlischen Erbe
belohnen wird. Dient dem Herrn Jesus Christus!

Kolosser 3,23-24

Ich habe das Vorrecht, mit weiblichen Leiterinnen aus großen und kleinen Gemeinden aller Denominationen in ganz Minnesota zusammenzuarbeiten. Vor kurzem kam ich aus einer unserer Besprechungen und dachte über einen Teil eines Gesprächs an diesem Abend nach. Zwei Pastorinnen diskutierten über die Nein-Epidemie – diese vielen Stimmen, die Frauen dazu ermutigen, zu jeder Aktivität Nein zu sagen, die sie nicht erfüllt, ihren Geist nicht erfrischt oder ihren Bedürfnissen nicht entspricht.

„Wenn man diesen Kriterien folgen würde, wer würde dann jemals Toiletten sauber machen?", fragte eine der Frauen seufzend, als das Gespräch zu Ende ging und unsere Besprechung begann.

Ihre Worte gingen mir noch wochenlang im Kopf herum.

Ich neige dazu, es allen recht machen zu wollen, und daher weiß ich wie wichtig es ist, zu manchen Aufgaben Nein zu sagen, damit noch genug von mir übrig bleibt, um zu den wichtigsten Dingen und Menschen Ja sagen zu können. Aber ich fange an, mich zu fragen, ob wir damit vielleicht auf der anderen Seite vom Pferd fallen. Manchmal muss einfach jemand im übertragenen Sinne die Toilette sauber machen – auch wenn nur Gott uns zuschaut, wie wir gebückt den Dreck wegschrubben.

Lieber erledige ich die schmutzige, wenig anerkannte Arbeit, die Gott mir vor die Füße legt und die nur mein Herr sieht, als die glorreiche Aufgabe, die Spaß macht und von den Menschen gesehen wird, aber mein Herz wird durch sie dazu verleitet, nach dem Beifall der Menge zu streben. Unsere Einstellung bei der Arbeit ist weitaus wichtiger als alle irdische Anerkennung. Wir tun sie für Gott, nicht für die Menschen, und er schenkt uns unser Erbe.

Und mal ehrlich, einige der Aufgaben, die für die Ewigkeit am wichtigsten sind, sind die Dinge, die niemand tun will, die ohne Applaus und unbeachtet getan werden – die Dinge, mit denen wir im Stillen jemanden unterstützen, der dann den öffentlichen Beifall erntet. Denken Sie im Gebet über die Anfragen nach, die Ihre Zeit, Ihre Begabung und Ihre Ressourcen in Anspruch nehmen, bevor Sie Ja oder Nein sagen?

*Julie*

## *Die gute Tat für heute:*

Wenn Sie gebeten werden, etwas zu tun,
zu dem Sie normalerweise Nein sagen würden,
beten und fragen Sie Gott, was er von Ihnen will,
und dann gehorchen Sie ihm.

TAG 24

# Wenn die Welt nicht nett zu uns ist

Nur wer im Kleinen treu ist, wird es auch im Großen sein.
Wenn ihr bei kleinen Dingen unzuverlässig seid,
werdet ihr es auch bei großen sein.

Lukas 16,10

Manchmal fühlt es sich an, als würde man gegen den Strom schwimmen, wenn man freundlich handelt. Man kann sich schnell entmutigt oder überwältigt fühlen, wenn man ständig mit Nachrichten von Kriegen, Gewalt, Armut und Hunger überschüttet wird. Die Liste der Nöte dieser Welt scheint endlos und entmutigend zu sein. Man ist dann leicht versucht, nicht mehr freundlich und gütig zu handeln, weil man sich fragt, ob diese Kleinigkeiten in dieser kaputten Welt überhaupt etwas bewirken.

Ich habe mich das auch schon gefragt. In solchen Situationen erinnere ich mich dann daran, wie es war, als Mitarbeiterin im Hospizdienst die Hand eines Sterbenden zu halten. Ich erinnere mich daran wie kostbar es war, ihn von seiner Liebe zu seinen Kindern reden zu hören und wie tröstend es war, einem Menschen in die Augen zu schauen, der jahrzehntelang wirklich geliebt hatte. Ich erinnere mich daran, dass es am Ende die ganz gewöhnlichen Dinge des Lebens waren – ein einfaches Lächeln, eine Umarmung und Liebe in Worten und Taten – die im Gedächtnis und Herzen bleiben.

Unsere liebevollen Worte – diese kleinen Taten der Liebe – wirken sich weit über das Hier und Jetzt hinaus aus. Sie breiten sich aus wie Wellen und lösen einen Strom guter Taten, liebevoller Gesten und schöner Erinnerungen aus. Sie pflanzen sich in unseren Beziehungen fort und erinnern uns daran, dass bei Gott die Treue in den kleinen Dingen genauso wichtig ist wie in den großen.

Manchmal ist das beste Mittel gegen all das Böse, das um uns herum geschieht, einfach eine gute Tat als Reaktion darauf. Unterschätzen Sie niemals, wie weit sich eine gute Tat auswirkt – die Auswirkungen könnten viel weiter reichen als Sie es je erfahren werden. Wenn Sie heute entmutigt sind, weil Sie an all das denken, was in dieser Welt gerade geschieht, dann beschließen Sie doch gleich, stattdessen nach dem Guten Ausschau zu halten.

*Kendra*

## *Die gute Tat für heute:*

Lächeln und grüßen Sie die Menschen,
denen Sie tagsüber begegnen.
Sie wissen nie, ob ein einziges freundliches Wort
nicht den Tag eines Menschen verändert.

TAG 25

# Zur Freundlichkeit überführt

Du glaubst, dass es nur einen Gott gibt? Da hast du recht! Das glauben auch die Dämonen, und sie zittern vor Angst! Aber trotzdem bist du ein Dummkopf! Wann wirst du einsehen, dass ein Glaube, der nicht zu guten Taten führt, wertlos ist?

Jakobus 2,19-20

Eine manchmal frustrierende Nebenwirkung, wenn man versucht bewusst freundlich zu sein, sind die Gewissensbisse, wenn man einmal etwas tut, das unfreundlich oder nicht hilfreich ist, oder wenn man nicht so reagiert, wie man sollte. Ich merke immer öfter, wie ich bei einer verpassten Gelegenheit zusammenzucke und mir wünsche, ich hätte anders reagiert.

Seitdem ich versuche, bewusst zu anderen Menschen freundlich zu sein, scheint das meine weniger guten Augenblicke, die ich am liebsten beiseite wischen, unter den Teppich kehren oder mit einer billigen Ausrede vor mir selbst rechtfertigen würde, besonders ins Rampenlicht zu rücken. Ich weiß zwar, dass meine Errettung nicht davon abhängt, wie viele gute Taten ich in diesem Leben vollbringe, aber ich weiß auch, dass mein Glaube sich, wenn er aufrichtig ist, in meinen Taten zeigen muss.

Die Bibel erinnert uns daran, dass sogar die Dämonen an die Autorität Gottes glauben. Durch unsere Taten zeigen wir unseren wahren Glauben. Unser unsichtbarer Glaube (oder Unglaube) wird durch die Art, wie wir unser Leben führen und durch die kleinen täglichen Taten sichtbar.

Wenn ich bei manchen Dingen, die ich tue (oder eben nicht tue) diese Gewissenbisse habe, danke ich Gott, dass er mir meine Schwachstellen zeigt und ich aus meinen Fehlern lernen darf. Ohne Gewissen gibt es keine Verbesserung, kein Wachstum, kein Verlangen besser zu werden. Und das ist mein größter Wunsch: Gott von ganzem Herzen, ganzer Seele und ganzem Verstand zu lieben und meinen Nächsten wie mich selbst (Matthäus 22,37-39). Ohne meine Fehler zu erkennen und daraus zu lernen, kann ich in meiner Fähigkeit zu lieben und freundlich zu sein nicht wachsen.

*Julie*

## Die gute Tat für heute:

Beten Sie dafür, dass Gott Ihnen das nächste Mal deutlich macht, wenn Sie Ihr Ziel, freundlich und gütig zu handeln, verfehlen. Wenn Sie diese Gewissensbisse spüren, bitten Sie Gott um eine zweite Chance, und wenn nötig, entschuldigen Sie sich und bitten Sie um Vergebung.

TAG 26

# Eine verrückte Idee

**Deshalb orientiert euch nicht am Verhalten und an den Gewohnheiten dieser Welt, sondern lasst euch von Gott durch Veränderung eurer Denkweise in neue Menschen verwandeln.**

Römer 12,2

Als ich morgens aufwachte, ahnte ich noch nicht, dass am Ende des Tages eine fremde Frau mit ihrem Sohn in unserem Untergeschoss wohnen würde.

Mein Mann Tim und ich waren an diesem Tag mit einem seltenen Gefühl der Freiheit aufgewacht, denn überraschenderweise schliefen unsere Töchter (2 und 4 Jahre) noch. Außerdem hatten wir keinerlei Aufgaben zu erledigen und freuten uns auf einen gemütlichen Tag zu Hause.

Es dauerte aber nicht lange, bis mir Tims Gesichtsausdruck verriet, dass unsere Pläne sich gerade geändert hatten. Mit gerunzelter Stirn und wild auf seinem Handy herumtippend ging er in unserem Schlafzimmer auf und ab und kaute auf seinem Daumennagel, während er auf eine Antwort wartete.

Er hatte erfahren, dass eine Mutter und ihr Sohn dringend eine Bleibe brauchten, bis ihre Wohnung in einem neuen Wohnblock frei wurde. Zunächst waren sie bei Freunden von uns untergekommen, aber das ging nun nicht mehr, und sie suchten nach einer Alternative.

Tim schaute mich mit der unausgesprochenen Frage in seinem Blick an: Könnten wir diese Alternative sein?

Situationen wie diese waren nichts Neues für uns, denn bereits letzten Sommer hatten wir eine obdachlose Mutter mit ihren beiden Töchtern drei Monate lang bei uns untergebracht. Aber jetzt, wo wir gerade einen ziemlich vollen Dezember hinter uns hatten, zögerte ich. Mädchen bin ich gewöhnt, dachte ich. Aber ich weiß nicht, ob ich mit einem Jungen umgehen kann. Was ist wenn wir Ja sagen und es dann bereuen?

Es war durchaus möglich, dass wir unsere Entscheidung bereuen würden. Aber manchmal sind es die verrückten Ideen, durch die wir am meisten lernen können. In Römer 12,2 ermahnt Paulus uns: „Deshalb orientiert euch nicht am Verhalten und an den Gewohnheiten dieser Welt, sondern lasst euch von Gott durch Veränderung eurer Denkweise in neue Menschen verwandeln. Dann werdet ihr wissen, was Gott von euch will: Es ist das, was gut ist und ihn freut und seinem Willen vollkommen entspricht" (NLB). Manchmal gehen wir einen Schritt im Glauben, der für die Welt verrückt erscheint, und wir vertrauen darauf, dass Gott uns hindurchbringen wird.

*Kristin*

## Die gute Tat für heute:

Halten Sie Ausschau nach Gelegenheiten,
anderen etwas Gutes zu tun,
und wenn es nur mit Kleinigkeiten ist.

TAG 27

# Ein geschenkter Einkauf

Haltet an der Botschaft fest,
die ihr von mir gehört und angenommen habt.
Richtet euch nach dem, was ich euch gelehrt habe,
und lebt nach meinem Vorbild.
Dann wird Gott, von dem aller Friede kommt,
bei euch sein.
Philipper 4,9

Vor Jahren stand unser Freund, der damals Jugendpastor war, im Supermarkt an der Kasse mit einem Wagen voller Windeln und Babynahrung für seine beiden Zwillingssöhne und seufzte innerlich, während er die Kosten überschlug. Er und seine Frau hatten wenig Geld und die Windeln und Babynahrung waren zwar wichtig, aber nicht das, wofür er sein schwer verdientes Geld ausgeben wollte.

Der Mann, der vor ihm in der Schlange stand, unterbrach die Gedanken unseres Freundes, als dieser der Kassiererin sagte, er werde auch den Einkauf des Mannes hinter ihm bezahlen. Er hatte gesehen, was der Jugendpastor in seinem Wagen hatte, und wollte helfen, ohne jedoch seinen Namen preiszugeben. Und so verschwand er stillschweigend, nachdem er bezahlt hatte,.

Als unsere Familien mehr als ein Jahrzehnt später beim Abendessen beisammen saßen und unser Freund diese Geschichte erzählte, meinte er zum Schluss: „Eines Tages werde ich es wieder gutmachen und den Einkauf eines anderen Menschen bezahlen."

Was ich darauf erwidern wollte und auch hätte sagen sollen ist, dass seine Familie diese gute Tat schon tausendfach erwidert hat. Seine Familie bemüht sich, das Gebot, Gott und den Nächsten zu lieben, ganz praktisch auszuführen. Ihr Haus ist immer voller Kinder aus der Nachbarschaft, den Teenager-Freunden ihrer Zwillinge und jeder Menge anderer Menschen, die kommen und gehen. Sie sind freigiebig mit ihrer Zeit und ihren Mitteln.

Es wirklich sichtbar, dass sie versuchen, das umzusetzen, was sie von den ersten Christen im Neuen Testament gehört und gesehen haben. Sie leben so, wie Christus es uns gelehrt hat, und das Ergebnis ist Frieden mitten im Chaos und eine Ruhe in ihren Seelen, die auch die Menschen um sie herum zur Ruhe bringt.

*Julie*

## Die gute Tat für heute:

Wenn Sie das nächste Mal einkaufen gehen,
dann sollten Sie einmal überlegen,
den Einkauf einer anderen Person zu bezahlen.
Vielleicht ist das genau der Segen für einen Menschen,
der ihn gerade in diesem Augenblick nötig hat.

TAG 28

# Geben ohne Hintergedanken

Was du gibst, soll verborgen bleiben.
Dann wird dein Vater,
der ins Verborgene sieht,
dich belohnen.

Matthäus 6,4

Vor ein paar Jahren haben mein Mann und ich ein Buch von einem Pastor gelesen, der seine Kirche an mehreren Sonntagen im Jahr schloss und stattdessen mit allen Gemeindegliedern karitative Projekte für die Bürger seiner Stadt anbot. Das hat Kyle so sehr angesprochen, dass er die Idee unserem Pastor und der Gemeinde vorstellte.

Allen gefiel der Gedanke, und seither haben wir ihn uns zu eigen gemacht. Wir haben in einem Altenheim Fenster geputzt und den Bewohnern Geschenke gebracht. Wir haben den Garten einer älteren Dame hergerichtet, die dafür selbst keine Kraft mehr hatte. Und wir haben die örtlichen Spielplätze gereinigt und die Geräte gestrichen.

All diese Dinge tun wir, ohne großes Aufsehen zu erregen. Oft wissen diejenigen, denen wir helfen, nicht einmal, dass wir eine Gemeinde sind. Unser Ziel ist es nur, ohne irgendwelche Hintergedanken anderen Menschen außerhalb unserer Gemeinde zu helfen. Wir wollen die Bedürfnisse um uns herum sehen und ihnen begegnen, weil wir Jesus lieben, nicht weil wir Ehre für uns selbst wollen. Dabei haben wir festgestellt, dass wir unsere Liebe am besten durch praktische Taten zeigen können, vor allem denen gegenüber, die sich niemals revanchieren könnten.

Wir gehören vielleicht nicht alle zu einer Gemeinde oder Organisation, die regelmäßig solche Dienste durchführt, aber wir alle kennen sicher Menschen, die unsere Hilfe brauchen, wenn wir einmal darauf achten. Das kann bedeuten, dass wir einem Freund, der gerade aus dem Krankenhaus gekommen ist, eine Mahlzeit bringen, einem älteren Nachbarn den Rasen mähen oder einem Obdachlosen etwas zu essen kaufen. Dies sind Ideen, wie wir Güte zeigen und anderen Menschen im Verborgenen, manchmal sogar anonym helfen können – ganz ohne Hintergedanken.

*Kendra*

## Die gute Tat für heute:

Tun Sie im Verborgenen etwas für jemanden,
der sich nicht bei Ihnen revanchieren kann.

TAG 29

# Eine neue Waschmaschine

So soll jeder für sich selbst entscheiden,
wie viel er geben will,
und zwar freiwillig und nicht aus Pflichtgefühl.
Denn Gott liebt den, der fröhlich gibt.
2. Korinther 9,7

Ich las folgende Bitte in einer meiner Gruppen in den sozialen Netzwerken, irgendwo zwischen Gebetsanliegen und Fragen nach einem Babysitter: „Ich habe eine Freundin, die seit über einem Jahr arbeitslos ist, und jetzt ist auch noch ihre Waschmaschine kaputt gegangen. Kennt irgendjemand jemanden, der bereit wäre, ihr eine zu schenken? Gebet ist auch willkommen."

Ich rief Tim an und fragte ihn leise, ob wir wohl helfen könnten. Wir haben ein spezielles „Segens-Budget", das wir irgendwann im Laufe des Jahres einsetzen, wenn sich solche Situationen ergeben. Und so hoffte ich, dass wir einen Teil davon nehmen konnten, um dieser Frau eine neue Waschmaschine zu kaufen.

Er war einverstanden, und ich schrieb unserer Bekannten. Sie schrieb sofort zurück: „Ich wollte dir nur sagen, dass es niemand aus unserer Gemeinde ist. Ich wollte dir keinen falschen Eindruck vermitteln." Als ich ihre Antwort las, musste ich ein wenig lachen und schrieb zurück, dass es uns nichts ausmachte, dass diese Frau nicht in unsere Gemeinde ging. Meine Freundin war begeistert. Die Frau in Not war eine ältere Dame, die schon eine Weile arbeitslos war und keinen weiteren finanziellen Tiefschlag verkraften konnte. Eine neue Waschmaschine, vor allem von Fremden, war ein Geschenk Gottes.

Meine Freundin gab mir die Adresse der Frau, und Tim und ich riefen den örtlichen Haushaltsgerätehändler an und arrangierten die Lieferung. Später erfuhren wir, dass sogar die Mitarbeiter des Geschäfts Freude daran hatten, bei dieser guten Sache mitzumachen. Das erinnerte mich daran, wie erfüllend es ist, wenn wir nicht widerstrebend sondern freudig geben.

Oft sind die Auswirkungen unserer Taten gar nicht zu ermessen, vor allem wenn wir im Geheimen etwas Gutes tun. Aber auch dieser kleine Einblick in die Dankbarkeit eines anderen Menschen hat mich daran erinnert, was für ein Vorrecht es ist, anderen Leuten Gottes Liebe zu zeigen, ganz gleich wo sie herkommen oder in welchen Umständen sie stecken.

*Kristin*

## Die gute Tat für heute:

Nehmen Sie sich Zeit, um Ihre Finanzen durchzugehen und
schauen Sie einmal, ob Sie genügend Luft haben,
um auch ein solches Segens-Budget einzuplanen.
Es muss keine große Summe sein. Ich bin sicher,
Gott wird Ihnen dann den Menschen zeigen,
der von dieser besonderen Summe profitieren kann.

TAG 30

# Rechenschaft für gute Taten

Ihr seid für die Welt wie Salz.
Wenn das Salz aber fade geworden ist,
wodurch soll es seine Würzkraft wiedergewinnen?
Es ist nutzlos geworden, man schüttet es weg,
und die Leute treten darauf herum.

Matthäus 5,13

Wir saßen im Wohnzimmer und schauten zu, wie die letzten Kinder ihre Teller von unserem spontanen Frühstücksbüffet in die Küche brachten und spielen gingen. Währenddessen wanderte unsere Unterhaltung langsam vom Smalltalk über die vergangene Woche hin zum eigentlichen Grund für unser Treffen.

Wir sind eine Gruppe von Christen, die versuchen so zu leben, dass sie Gottes Wesen widerspiegeln – durch ihren Dienst, ihre Beziehungen, ihre Freundlichkeit –, und wir treffen uns regelmäßig, um uns gegenseitig zu ermutigen, einander von unseren Sorgen zu berichten und zusammenzuarbeiten.

Während unserer Treffen denken wir darüber nach, was es heißt, als Christ zwar in dieser Welt zu leben, aber nicht von ihr zu sein. Wie behalten wir unsere Würze, wie es im heutigen Vers aus dem Matthäusevangelium heißt, und sind gleichzeitig freundlich, zugänglich und offenherzig denen gegenüber, die anders denken und handeln als wir?

Wie gehen wir mit der Spannung um, dass wir zwar das Evangelium weitergeben, aber auch zuerst echte Freundschaften schließen wollen, damit wir glaubhaft sind und einen guten Einfluss auf andere haben?

Das sind die Fragen mit denen mein Mann und ich und alle Mitglieder unserer Gruppe kämpfen. Zu einer Gruppe von hingegebenen Christen zu gehören, die den gleichen Lebensstil anstreben – nämlich Salz der Erde zu sein, zuerst durch unsere Taten Christus widerzuspiegeln, bevor wir ein geistliches Wort sagen – hat uns geholfen, auf diesem Weg zu bleiben.

Wir machen es zwar nicht immer richtig, aber dass andere für uns beten, uns ermutigen und bemüht sind, genauso zu leben, hat uns geholfen, auf Kurs zu bleiben. Wir lesen in der Bibel und überlegen, wie wir das Wort Gottes auf verschiedene Lebenssituationen anwenden. Wir lesen Bücher über missionarisches Leben und wo der Missionsgedanke in den Evangelien zu finden ist. Und wir besuchen uns häufig gegenseitig, stehen gemeinsam am Grill oder helfen einander, das Haus aufzuräumen und für eine Nachbarschaftsfeier herzurichten. Das macht die Arbeit leichter, die es mit sich bringt, wenn man häufig Gäste hat und Menschen in sein Haus und sein Leben einlädt.

*Julie*

## Die gute Tat für heute:

Überlegen Sie sich, mit wem Sie sich zusammentun können, um zu überlegen, wie Sie gute Taten in Ihren Alltag integrieren können. Gehen Sie auf diese Person zu, um einen Termin auszumachen, an dem Sie sich regelmäßig treffen.

TAG 31

# In allen Dingen dankbar sein

Im Namen unseres Herrn Jesus Christus dankt Gott,
dem Vater, zu jeder Zeit und für alles!

Epheser 5,20

Zuerst hatte meine Tochter einen Wutanfall, weil niemand neben ihr auf dem Rücksitz des Autos saß. Dann bekam sie wieder einen Wutanfall, weil ich ihr nicht sofort ein Video mit heißer Lava zeigte. „Du bist gemein und ich mag dich nicht!", sagte sie. Sie schlug mit der Hand gegen mein Bein, als wir in die Kirche gingen, und bekam deshalb nicht ihre tägliche Ration an Süßigkeiten. Es war gerade erst halb zehn, und es war bereits ein ätzender Tag.

Wir beide reagierten ganz unterschiedlich auf diese Ereignisse. Sie schrie den ganzen Weg zur Kirche, und unsere Freunde warfen uns besorgte Blicke oder ein unsicheres Lächeln zu. Ich lächelte und tat so, als sei alles in Ordnung: Hier gibt es nichts zu sehen, Leute. Das ist ganz normal. Aber ich wusste genau, dass wir uns tief innendrin beide verletzlich fühlten.

Und während ich die Predigt im Eltern-Kind-Raum hörte, musste ich an ein Zitat von Brené Brown denken: „Es gibt keine Freude ohne Dankbarkeit."

Oft gründet sich unsere Fähigkeit, nach außen zu anderen freundlich zu sein, auf ein dankbares Herz, das Mitgefühl zeigt. Deshalb müssen wir manchmal erst unser Herz ins Lot bringen und Dankbarkeit pflegen, bevor wir zu anderen freundlich sein können. In der Bibel heißt es, wir sollen zu jeder Zeit für alles danken.

Aber wie kann ich dankbar sein, wenn mein Kind mir den letzten Nerv raubt?

Mir gefällt die Formulierung dieses Verses in der Bibelübertragung The Message: „Singt Loblieder für alles, nutzt jede Gelegenheit für ein Lied für Gott, den Vater."

Ich versuche, mir das zu Herzen zu nehmen. Wenn ich frustriert bin und einfach nur schreien könnte, versuche ich stattdessen zu singen. Meistens sind die Lieder, die mir dann über die Lippen kommen, Strophen von alten Kirchenliedern. Jedes Mal, wenn ich sie singe, bemerke ich besonders die Reaktion meiner Kinder, die mich dann meistens mit großen Augen anstarren und staunen. Unsere Dankbarkeit für alles im Leben – für das Gute, das Schlechte und sogar das Schwere – ist ein äußerer Ausdruck für die Veränderung in uns selbst und spiegelt Gottes Liebe zu uns wider.

*Kristin*

## Die gute Tat für heute:

Für wen oder was sind Sie dankbar?
Drücken Sie Ihre Dankbarkeit
anderen Menschen gegenüber mit Worten aus.

TAG 32

# Aus Gewohnheit geben

Teilt eure Gaben genauso großzügig aus,
wie ihr sie geschenkt bekommen habt!

Matthäus 10,8

„Ich kenne eine Familie, die einige Jungs bei sich aufgenommen hat. Sie brauchen Kleidung, und da habe ich sofort an euch gedacht", erklärte mir meine Nachbarin an einem kalten Wintermorgen am Telefon. „Ich gehe davon aus, dass die Jungs die gleiche Kleidergröße haben wie deine Kinder. Meinst du, du kannst helfen?"

„Natürlich", sagte ich und ging nach oben, um in die Schränke meiner Jungs zu schauen. Ich fand jede Menge Sachen, die noch in Ordnung, aber zu klein waren oder von denen wir zu viele hatten.

Ein paar Wochen später fragte mich eine andere Nachbarin, ob wir für eine Bekannte von ihr Babysachen übrig hätten. Es handelte sich um neu zugezogene Asylanten in unserer Gegend, die die grundlegendsten Dinge brauchten. Wieder durchstöberte ich meine Schränke auf der Suche nach Dingen, die ich übrig hatte oder nicht mehr benutzte, um sie einer anderen Mutter zu geben, die sie nötiger brauchte als ich.

Es ist in den letzten Jahren öfter vorgekommen, dass Nachbarn oder Freunde uns um Sachen gebeten haben, die wir nicht mehr brauchten, die aber jemand anderem noch nützen konnten. Für mich ist es ein großes Kompliment, dass sie dabei an mich dachten und mich fragten, ob ich jemandem in Not etwas geben könnte, weil sie wussten, dass ich gerne helfen würde.

Wir alle können der Aufforderung Jesu folgen, großzügig zu geben, so wie wir großzügig bekommen haben. Kennen Sie jemanden, der großzügig gibt? Überlegen Sie einmal, welche Charaktereigenschaften Sie an dieser Person bewundern. Vielleicht ist derjenige freundlich, dankbar oder demütig. Fällt es Ihnen leicht zu geben, wenn Sie darum gebeten werden, oder fällt es Ihnen schwer, sich von Dingen zu trennen, auch wenn Sie sie nicht mehr brauchen? Auch wenn es uns schwerer fällt, großzügig zu geben, können wir alle in diesem Bereich wachsen und dabei die Charakterzüge entwickeln, die wir an anderen bewundern.

*Kendra*

## *Die gute Tat für heute:*

Verschenken Sie etwas an jemanden,
der es nötiger braucht als Sie.

TAG 33

# Die eigene Komfortzone verlassen

Danach hörte ich den Herrn fragen: „Wen soll ich zu meinem Volk senden? Wer will unser Bote sein?" Ich antwortete: „Ich bin bereit, sende mich!"

Jesaja 6,8

Ich saß an einem großen Tisch in einem Kaffee und lauschte der Unterhaltung zwischen den Frauen, mit denen ich mich getroffen hatte, um über die Turbulenzen wegen der Flüchtlinge, über religiöse Differenzen und Rassenunterschiede in unserer Gegend zu reden.

Unterschiedliche Herkunftsländer, unterschiedliche Religionen und unterschiedliche Kulturen, innerlich zählte ich mehr Unterschiede als Gemeinsamkeiten zwischen den meisten von uns. Als das Gespräch zu Themen schwenkte, die mit Rasse und Religion zu tun hatten, wobei die Perspektiven und Erfahrungen der anderen sehr von meinen abwichen, fühlte ich mich etwas unangenehm und war ganz sicher nicht in meinem Element – aber genau da, wo ich sein wollte.

Je länger ich mit Jesus unterwegs bin, umso mehr fällt mir auf, dass Gott am besten wirken kann, wenn mir alles über den Kopf wächst und meine Fähigkeiten übersteigt und wenn ich mich voll und ganz auf ihn verlassen muss. Ich habe gelernt, dass Gott die unglaublichsten Dinge erst dann tut, wenn ich meine Komfortzone verlassen habe und ein Gebiet betrete, in dem ich nervös werde und mich mehr als nur ein bisschen unwohl fühle.

Das Leben ist viel zu kurz, um sich die ganze Zeit in einer falschen Sicherheit zu wiegen. Egal, was andere Ihnen sagen, wir verändern die Welt wohl nicht aus der Sicherheit unserer Fernsehsessel heraus über Facebook und Instagram. Gott will, dass wir uns in die Welt begeben und uns die Hände schmutzig machen. Und um die Welt zu verändern, muss man auf jeden Fall gut zuhören und sich manchmal auch das Herz brechen lassen.

Wie kann Jesu lebensverändernde Liebe durch uns scheinen, wenn wir Angst vor tiefen, authentischen Beziehungen mit denen haben, die anders sind als wir? Wenn wir wirklich Boten der Guten Nachricht sein wollen, müssen wir uns aktiv in Bereichen und an Orten einbringen, an denen die Menschen leben, die noch nicht glauben. Anstatt immer nur mit unseren Glaubensgeschwistern zusammen zu sein, müssen wir bereit sein, als Stellvertreter Christi ausgesandt zu werden.

*Julie*

## Die gute Tat für heute:

Gehen Sie auf jemanden in Ihrem Umfeld zu, der einen anderen kulturellen oder religiösen Hintergrund hat, und treffen Sie sich mit dieser Person auf einen Kaffee oder zum Essen. Wenn Ihnen niemand einfällt, können Sie im Gebet darüber nachdenken, wie Sie sich mehr auf Menschen einlassen können, die anders sind als Sie.

TAG 34

# Ein einfacher Handschlag

Zeigt auch ihr den Ausländern eure Liebe!
Denn ihr habt selbst einmal
als Ausländer in Ägypten gelebt.
5. Mose 10,19

Mein Schwager Phil und meine Schwägerin Marlene machten eine Reise nach Prag, um dort die Eltern ihrer Freunde zu besuchen, die teils in Kalifornien und teils in der Tschechei lebten. Auf dieser Reise erfuhren sie, wie dieses Ehepaar vor Jahrzehnten in den USA gelandet war.

Sie flohen 1968 mit nur 100 Dollar in der Tasche aus der Tschechei (damals noch Tschechoslowakei), als die Kommunisten in ihrem Land die Macht übernahmen. Obwohl beide einen Universitätsabschluss hatten, fragten sie sich, wovon sie leben sollten, wenn sie in den USA waren. Sie kamen in New York an und wurden dort von Fremden unterstützt, von denen sie sich genug Geld leihen konnten, um eine Wohnung zu mieten und für ihren Lebensunterhalt zu zahlen. Diese Abmachung besiegelten beide Parteien nur durch einen einfachen Handschlag.

Das Paar fand schnell Arbeit und konnte das Geld innerhalb von sechs Monaten zurückzahlen. Schließlich machte der Mann sogar Karriere als leitender Angestellter der Bank of America. Obwohl das Ehepaar ihre Unterstützer anfänglich getroffen hatte, hielten sie den Kontakt über die Jahre nicht aufrecht, aber vergessen haben sie sie nicht. Der Mann kann heute noch nicht glauben, dass ihm diese Menschen aufgrund eines einfachen Handschlags vertrauten. Als er Phil und Marlene die Geschichte erzählte, meinte er, er wünsche sich, dass seine Unterstützer wüssten, wie viel ihr Handeln für seine Familie bedeutet hatte und welche langfristigen Auswirkungen ihre Freundlichkeit auf das Leben dieser Einwanderer gehabt hatte.

Unsere geistlichen Vorfahren sind auch einmal Fremde in einem anderen Land gewesen, die sich abmühten ein neues Leben anzufangen. Die Bibel fordert uns dazu auf, Fremde aus einem tiefen Mitgefühl heraus zu lieben. Wie können Sie denen, die neu in Ihrer Gegend sind, Liebe und Mitgefühl zeigen? Bedenken Sie dabei, dass Sie nicht wissen können, welche langfristigen Auswirkungen Ihre Freundlichkeit haben kann.

Kendra

## Die gute Tat für heute:

Tun Sie etwas für jemanden,
der an Ihrem Wohnort ein „Fremder" ist,
auch wenn es nur ein freundliches Wort
oder ein Lächeln ist.

TAG 35

# Die Gabe des Verwöhnens

Er kann euch so reich beschenken,
ja, mit Gutem geradezu überschütten, dass ihr zu jeder Zeit
alles habt, was ihr braucht, und mehr als das.
So könnt ihr auch noch anderen
auf verschiedenste Art und Weise Gutes tun.
2. Korinther 9,8

Obwohl meine Kleinen längst den Windeln und dem Kinderwagen entwachsen sind, gibt es ein paar Dinge aus diesen ersten Wochen und Monaten, als sie noch ganz winzig waren, die sich mir für immer in mein Herz und mein Gedächtnis gebrannt haben. Eines der Dinge, die mir am meisten zu schaffen machten, war das Wissen, dass ich in Mutterschutz war und dass meine Zeit zu Hause zeitlich begrenzt war.

Ich kann mich noch lebhaft daran erinnern, wie ich traurig die Tage auf dem Kalender durchgestrichen habe, während ich frühmorgens meine Kleinen gestillt habe. Das Wissen, dass ich nur wenige kostbare Wochen mit ihnen hatte, verfolgte mich regelrecht, und jeden Montag war wieder eine Woche rum.

In den letzten Jahren konnte ich die gleichen Gefühle in den Augen anderer Mütter lesen, wenn sie leise über ihren Mutterschutz sprachen. Wenn man dann wieder auf der Arbeit ist, schlagen die emotionalen Wellen in den ersten Tagen hoch. Unzählige frischgebackene Mütter, die ich kenne, haben sich vor ihren Kollegen nichts anmerken lassen, aber ihren Freunden haben sie von ihren Tränen auf dem Weg zum Kinderhort und auf der Toilette im Büro erzählt.

Als eine Freundin einige Monate nach der Geburt ihrer Tochter wieder zur Arbeit ging, stellte ich ein kleines Geschenk aus einem Kaffeegutschein, Blumen und einer Karte mit ein paar ermutigenden Worten zusammen und brachte es mit meinem Sohn gegen Ende ihres ersten Arbeitstages zu ihr ins Büro. Wir huschten hinein, mein Sohn überreichte ihr das Geschenk, und wir huschten wieder hinaus. Sie lächelte ein wenig, als sie aus einer Besprechung kam und in die nächste ging.

Unser Geschenk sollte sie nur verwöhnen. Es war nichts Lebenswichtiges oder Nützliches darin, aber es war nur für sie ausgesucht und hatte nichts mit ihrem Baby, ihrer Familie oder irgendjemandem sonst zu tun. Wenn wir jemanden mit einem freundlichen Wort oder einer Aufmerksamkeit bewusst ermutigen oder aufbauen, wenn derjenige gerade einen schweren Tag, eine schwere Woche oder eine schwere Zeit im Leben durchmacht, dann wird die Bibel auf wunderbare Weise praktisch greifbar.

*Julie*

## Die gute Tat für heute:

Denken Sie einmal im Gebet darüber nach,
wer gerade eine Ermutigung brauchen könnte.
Wählen Sie jemanden aus, den Sie mit einem
kleinen Geschenk ermutigen und verwöhnen können.

TAG 36

# Freundlicher Beifall

Du selbst hast zahllose Menschen gelehrt,
auf Gott zu vertrauen. Kraftlose Hände hast du
wieder gestärkt. War jemand mutlos und ohne Halt,
du hast ihn wieder aufgerichtet
und ihm neuen Lebensmut gegeben.

Hiob 4,3-4

Meine Tochter Jasmine hat schon als kleines Mädchen gerne getanzt. Also nahmen wir die Tanzschulen in der Nähe unter die Lupe, um zu sehen, welche für sie am besten geeignet war. Da es Winter wurde, beschlossen wir, zu einer Aufführung von einer der Tanzschulen zu gehen, bei der alle Tänzer, die im kommenden Frühjahr bei den Wettbewerben auftreten würden, als Solisten oder in kleinen Gruppen auftraten.

Die Tanzvorführungen liefen wunderbar, bis schließlich ein junges Mädchen an die Reihe kam. Nachdem sie einige Takte getanzt hatte, blieb sie wie erstarrt stehen und wusste nicht, was sie tun sollte. Scheinbar hatte sie die nächsten Schritte vergessen. Als die Zuschauer merkten, was passiert war, fingen sie an zu applaudieren, um sie zu ermutigen weiterzumachen. Das Mädchen fing an zu weinen, die Musik stoppte und wir hörten Frau Melinda, ihre Trainerin und die Eigentümerin der Tanzschule, aus den Anfeuerungsrufen der Menge heraus, wie sie das Mädchen ermutigte und überredete, noch einmal von vorne anzufangen.

Ich sah, wie das Mädchen zu einer Seite der Bühne ging, wo ihre Trainerin sie in den Arm nahm, ihr Mut machte und sie wieder hinausschickte. Die Musik begann erneut und die Leute jubelten laut. Als sie an die Stelle kam, an der sie zuvor erstarrt war, hörte man Melindas Stimme aus der Menge heraus: „Du schaffst das!" Und sie schaffte es. Der Beifall wurde lauter und viele standen auf. Sie beendete ihren Tanz mit einem breiten Lächeln in dem Bewusstsein ihres Erfolgs. Und mir standen wegen der Unterstützung all dieser Eltern für diese junge Tänzerin Tränen in den Augen.

Wir leben in einer Welt, in der Versagen zumeist um jeden Preis vermieden wird und in der wir in allem nach Erfolg streben, aber in Wahrheit versagen wir alle einmal. Wenn wir einander ermutigen und uns gegenseitig aufbauen, vor allem dann, wenn wir versagt haben, dann zeigen wir damit die größte Freundlichkeit, die wir jemandem erweisen können.

*Kendra*

## Die gute Tat für heute:

Ermutigen Sie jemanden,
der entmutigt ist oder kürzlich versagt hat.

TAG 37

# Jemanden ablösen

Jeder soll dem anderen helfen,
seine Last zu tragen.
Auf diese Weise erfüllt ihr das Gesetz,
das Christus uns gegeben hat.
Galater 6,2

Sie lächelte müde aber glücklich, als sie Kindersitz, Windeltasche und Spielsachen ins Besprechungszimmer schleppte. Die anderen Frauen versammelten sich um sie herum, als sie das Baby aus dem Sitz hob. Die Augen der Kleinen blitzten im Licht auf, sie hatte weiches dunkles Haar und einen ernsten Gesichtsausdruck. Die Gespräche um den Konferenztisch handelten vom Muttersein, Stillen und dem unausweichlichen Schlafmangel, während die Gruppe sich Teller nahm, sich Essen vom Büffet holte und sich zu einer Kombination von Babyparty und Besprechung setzte.

Ich fragte die frischgebackene Mutter, ob ich ihr das Baby eine Weile abnehmen sollte, damit sie in Ruhe essen könne, und sie nahm das Angebot dankbar an. Als ich so in der Ecke des Raumes stand und das Baby wiegte, atmete ich den zarten Babygeruch ein und war nur ein kleines bisschen neidisch auf die anderen, die ihren Schokoladenkuchen ohne mich aßen. Ich sah zu, wie die junge Mutter sich bei den warmherzigen Gesprächen entspannte und sich leise bedankte, als sie die Geschenke mit Babykleidung und –decken auspackte.

Obwohl ich weiß, dass diese frischgebackene Mutter ihr Kind um nichts in der Welt hergeben würde, weiß ich doch auch, dass wir manchmal einfach nur eine Pause brauchen. Wenn sich das

Leben nur noch um die Ess- und Trinkgewohnheiten eines kleinen Tyrannen dreht, so süß er auch sein mag, dann dauert es ein paar Monate, bis alles wieder seinen richtigen Gang geht.

Die Geburt eines Kindes ist zwar ein freudiges Ereignis, aber sie bringt auch viel Unruhe mit sich. Als Christen sollen wir einander helfen, unsere Lasten zu tragen, und manchmal ist es das schönste Geschenk überhaupt, einzuspringen, damit jemand anderer einmal durchatmen kann.

*Kristin*

## *Die gute Tat für heute:*

Wen kennen Sie, der einmal eine Pause brauchen könnte – vielleicht frischgebackene Eltern oder jemanden, der einen Angehörigen pflegt? Gehen Sie auf diese Person zu und verabreden Sie eine Zeit, in der Sie denjenigen einmal ablösen.

TAG 38

# Gut zuhören

Lasst alle sehen, dass ihr herzlich und freundlich seid.
Denkt daran, dass der Herr bald kommt.
Philipper 4,5

Am zweiten Tag einer mehrtägigen Konferenz, sah ich mich während des Vortrags nach der Mittagspause um und stellte fest, dass viele der anderen Teilnehmer so müde aussahen wie ich mich fühlte. Als ich dann am Ende seines Vortrags auf den Redner zuging, überraschten mich seine Worte: „Sind Sie immer eine so gute Zuhörerin?"

Ich überlegte, wie ich mich während seines Vortrag verhalten hatte und fragte mich, was ich getan hatte, dass ich ihm in diesem großen Raum voller Zuhörer aufgefallen war.

Wenn es darum geht, einem Vortrag zu folgen, dann bin ich darin zwar nicht perfekt, aber ich versuche, eine aktive Zuhörerin zu sein. Das heißt, ich setze bewusst nonverbale Zeichen ein (ich lehne mich vor, nicke zustimmend und benutze meine Mimik), um zu zeigen, dass ich nicht nur höre, was gesagt wird, sondern es auch aktiv aufnehme und darauf reagiere. Der Redner hatte meine nonverbale Kommunikation offensichtlich wahrgenommen – und er war dankbar für das, was ich in einem Raum voller müder, schläfriger, abgelenkter Menschen kommunizierte.

Als Anwältin, Mutter, Ehefrau und Freundin habe ich gelernt, dass gutes Zuhören manchmal das schönste Geschenk ist, das wir jemandem machen können. Wenn derjenige, der spricht, sich gehört und verstanden fühlt – auch wenn wir das Problem nicht lösen können –, löst das bei unserem Gegenüber die Angst und erlaubt ihm, laut zu denken, wodurch er wiederum nicht selten einen Weg findet, über den er vorher noch nicht nachgedacht hat.

Ich habe es mir zwar zum Ziel gesetzt, jeden Tag in dem, was ich tue, anderen Menschen Christi Liebe deutlich zu machen, aber manchmal vergesse ich, dass sich Jesus bereits im Stillen durch mich zeigt, wenn ich einfach nur aufmerksam bin. Während wir auf die Wiederkehr Christi warten, sind wir seine Botschafter, sowohl im Wort als auch in der Tat.

Nachdem ich meine Unterhaltung mit dem Redner damit beendet hatte, dass wir unsere Visitenkarten austauschten, dankte ich Gott im Stillen für die Erinnerung daran, wie wichtig es ist, in jeder Situation gut zuzuhören – auch wenn wir versucht sind zu denken, dass es nicht wirklich wichtig ist, weil wir vermeintlich nur ein Gesicht unter vielen sind.

*Julie*

## Die gute Tat für heute:

Seien Sie ein aktiver Zuhörer bei allem,
was Sie tun, und überall, wo Sie sind –
ganz gleich ob in einer Besprechung,
bei Ihren Kindern oder unter Freunden.

TAG 39

# In Liebe die Wahrheit sagen

Wie man Eisen durch Eisen schleift,
so schleift ein Mensch
den Charakter eines anderen.
Sprüche 27,17

„Ich habe gebetet und hatte wirklich den Eindruck, ich sollte dir das sagen“, sagte mir meine Freundin eines Tages am Telefon sehr nervös. Sie erzählte mir etwas, das ich getan hatte und von dem sie den Eindruck hatte, es sei nicht richtig gewesen.

Als ich ihre liebevollen Worte am Telefon hörte, kamen mir die Tränen, denn ich wusste, dass sie recht hatte. Während ich mit ihr über die Sache sprach, hörte ich die Gnade und Güte in ihren Worten und hatte das Gefühl, dass mir eine Last von den Schultern genommen wurde.

Als ich aufgelegt hatte, war ich so dankbar für eine Freundin, die mich ehrlich korrigieren konnte und das mit so viel Liebe und ohne Verurteilung tat. Nach diesem Gespräch fühlte ich mich besser und hatte das Gefühl, ein Problem aufgearbeitet zu haben, für das ich blind gewesen war. Meine Freundin war ein Risiko eingegangen, als sie so ehrlich mit mir redete, denn ich hätte durch ihre Worte auch beleidigt sein können, und ich war dankbar, dass sie so mutig gewesen war.

Es kommt vielleicht vor, dass wir den Eindruck haben, jemand in unserem Umfeld braucht Korrektur, aber es ist wichtig, dass wir diese immer in Liebe und ohne Groll oder Wut anbringen. Die Bibel sagt: „Wie man Eisen durch Eisen schleift, so schleift ein Mensch den Charakter eines anderen.“

Ich war so dankbar, dass meine Freundin das Risiko eingegangen ist, ehrlich mit mir über ein Problem zu sprechen und so meinen Charakter geschliffen hat. Wir müssen bereit sein, das Gleiche für andere zu tun. Güte kann auch oft darin zum Ausdruck kommen, dass wir in aufrichtiger Sorge um den anderen ehrlich zu ihm sind.

Haben Sie einen guten Freund oder eine Freundin, jemanden mit dem Sie Ihr Leben teilen, jemanden der Einblick in Ihre Entscheidungen hat? Haben Sie jemanden, der ehrlich mit Ihnen ist, um Ihren Charakter zu schleifen, auch wenn es schwerfällt? Wenn ja, dann danken Sie heute Gott dafür. Wenn nein, dann sollten Sie überlegen, was Sie tun können, um eine solche Freundschaft aufzubauen.

*Kendra*

## *Die gute Tat für heute:*

Schreiben Sie jemandem,
der Ihren Charakter geschliffen hat,
ein Dankeschön.

TAG 40

# Im Zweifel für den Angeklagten

Ihr seid von Gott auserwählt und seine geliebten Kinder, die zu ihm gehören. Darum soll jetzt herzliches Mitgefühl euer Leben bestimmen, ebenso wie Güte, Bescheidenheit, Nachsicht und Geduld.

Kolosser 3,12

In meiner Grundschule gab es einen Jungen, den ich bis heute nicht vergessen habe. Seine Wutanfälle waren legendär, und nachdem er eines Tages in der Cafeteria aus Wut mit bloßen Händen eine Milchtüte zerquetscht hatte, war ich fassungslos und erzählte meinen Eltern davon.

In sehr ernstem Tonfall sagte mein Vater daraufhin etwas zu mir, das er mit den Jahren noch oft wiederholte: „Du weißt nie, wie es bei ihm zu Hause zugeht." Was er damit meinte war: Verurteile niemanden, denn du weißt nicht, was für traumatische Erfahrungen ein Mensch in einem anderen Lebensbereich macht.

Über die Jahre hinweg sah ich, wie meine Eltern nach diesen Worten lebten, die mein Vater damals zu mir gesagt hatte. Unser Haus war immer offen für Gäste, die eher am Rand der Gesellschaft standen oder etwas kantig erschienen. Meine Eltern luden Fremde zu uns ein – sogar an Feiertagen – und sahen großzügig darüber hinweg, wenn sie keine guten Manieren hatten.

Ich erlebte, wie mein Vater sich mit einem Mann im Rollstuhl anfreundete, der schwere gesundheitliche Probleme hatte und alleine in einem Pflegeheim lebte. Ich sah, wie meine Mutter Arbeitskleidung für eine junge Frau kaufte, die Mühe hatte, ihren Sohn alleine großzuziehen. Ich sah, wie sie die Kunst praktizierten, gütig über Äußerlichkeiten hinwegzusehen und auf das Herz eines Menschen zu schauen, statt auf die raue Schale, die derjenige nach außen zeigte.

Manchmal verlangt unsere Freundlichkeit es von uns, über die äußeren Umstände hinwegzusehen, um zu erkennen, warum jemand ein bestimmtes Verhalten zeigt. Vielleicht ist derjenige in einer Familie voller Missbrauch und Verwahrlosung aufgewachsen. Vielleicht kämpft jemand mit einer Sucht. Vielleicht gibt es etwas im Leben dieses Menschen, das ihm das Gefühl gibt, unwürdig und ungeliebt zu sein.

Es ist wichtig, dass wir anderen Menschen gegenüber Mitgefühl, Nachsicht und Geduld üben. Diese Eigenschaften lassen sich manchmal am besten demonstrieren, indem man im Zweifel für den Angeklagten ist. Eine gnädige und gütige Haltung einer anderen Person gegenüber kann eine wahre Liebestat sein.

*Kristin*

## Die gute Tat für heute:

Wenn Sie versucht sind, jemanden wegen seines Verhaltens zu verurteilen, dann seien Sie im Zweifel für den Angeklagten und überlegen Sie sich, was vielleicht gerade in dessen Leben passiert.

STECKEN SIE EINEM
GELIEBTEN MENSCHEN

**einen Zettel**

MIT ERMUTIGENDEN WORTEN
IN DIE JACKENTASCHE,
IN DIE VESPERBOX, DIE BRIEFTASCHE
ODER ANS ARMATURENBRETT
IM AUTO.

SPRECHEN SIE SICH
MIT DEN LEHRERN IHRES
KINDES AB UND
**überraschen**
SIE DIE GANZE KLASSE
MIT EINER LECKEREI.

TAG 41

# Das leise Reden des Heiligen Geistes

Darauf erwiderte Jesus:
„Ja, aber noch glücklicher sind die Menschen,
die Gottes Botschaft hören und danach leben."
Lukas 11,28

Als ich die Hand nach dem Türgriff des Restaurants ausstreckte, spürte ich, wie der Heilige Geist „Nein" sagte. Ich habe gelernt, die Art, wie der Heilige Geist zu mir spricht, zu erkennen, und ich habe gelernt, seiner Stimme zu vertrauen. Aber diesmal war ich trotzdem überrascht.

Obwohl ich eigentlich zu diesem Restaurant gefahren war, um einen Geschenkgutschein für eine Freundin zu kaufen, fuhr ich unverrichteter Dinge wieder weg und fragte mich einen Augenblick lang, ob ich Gott richtig verstanden hatte. Diese gute Tat hatte mich einen ziemlichen Umweg gekostet, und jetzt fuhr ich ohne den Gutschein weiter, weil ich in letzter Sekunde ein Nein gehört und den Eindruck bekommen hatte, meiner Freundin stattdessen das Geld zu geben.

Also schrieb ich ihr eine Karte mit ein paar ermutigenden Worten, legte das Geld mit in den Umschlag und schrieb ihr, es sei für ein gemeinsames Abendessen mit ihrem Mann gedacht gewesen, aber sie sollten es verwenden, für was auch immer sie wollten oder brauchten.

Was ich nicht wusste, war, dass meine Freundin in jener Woche jeden Mittag die Vorschule ihrer kleinen Tochter angebettelt hatte, ihr noch Zeit bis zum Ende der Woche zu geben, um die Anzahlung für den Vorschulplatz zusammenzubekommen. Auf dem Weg nach Hause von dem Gespräch in der Vorschule hatte sie zu Gott geschrien, er möge für ihre Familie sorgen und sich um ihre Finanzen kümmern, so wie sie sich auch um andere kümmerten. So hatten sich bei einem Verwandten die Arztrechnungen gestapelt, und sie und ihr Mann hatten sie abbezahlt und dafür ihre Ersparnisse aufgebraucht. All das wusste ich nicht, als ich ihr heimlich die Karte mit meinem Geldgeschenk vor die Tür legte. Es stellte sich heraus, dass das Bargeld im Umschlag genügte, um die Anzahlung für den Vorschulplatz zu bezahlen.

Als sie mich anrief und mir die Geschichte erzählte, mussten wir beide weinen – sie, weil Gott ihren Hilfeschrei erhört hatte, und ich, weil ich demütig und dankbar war für das leise Reden des Heiligen Geistes. Gott weiß besser als wir, was jemand anderer braucht. Wenn wir bereit sind, unsere Pläne auf sein leises Reden hin zu ändern, ist es ein Segen für uns und für andere.

*Julie*

## Die gute Tat für heute:

Wenn Sie heute eine gute Tat planen,
achten Sie genau auf das leise Reden des Heiligen Geistes.

TAG 42

# Wenn sich Freundlichkeiten unangenehm anfühlen

Allerdings genügt es nicht, seine Botschaft nur anzuhören; ihr müsst auch danach handeln. Alles andere ist Selbstbetrug!

Jakobus 1,22

Mein Freund Andrew saß in einem Café und arbeitete still vor sich hin, als ihm die beiden Frauen am Tisch nebenan auffielen. Er wollte ihr Gespräch nicht belauschen, aber er konnte nicht anders als ihr ernstes Gespräch zu hören, bei dem eine der Frauen der anderen erzählte, dass sie Krebs hatte. Während sie leise weinte, erzählte sie von den Behandlungsmöglichkeiten und der Prognose. Sie räumte ein, dass sie wahrscheinlich irgendetwas verkaufen musste, um die Arztrechnungen bezahlen zu können, und dann spekulierte sie mit ihrer Freundin darüber, wie gut sie wohl ihr Motorrad verkaufen konnte, um die Kosten zu decken.

Andrew lief daraufhin hinaus zu seinem Auto, griff ins Handschuhfach, holte etwas Geld heraus und ging wieder hinein. Die Frauen schauten auf, als er auf sie zukam.

„Es tut mir leid, aber ich habe Ihre Unterhaltung ungewollt mitangehört“, meinte er entschuldigend und überreichte der kranken Frau das Geld, brachte seine Sorge zum Ausdruck und wünschte ihr alles Gute. Als die Frau in Tränen ausbrach, sagte er zu ihr, sie solle die Hoffnung nicht aufgeben, und verließ das Café.

Eine gute Stunde später hatte er gerade eine Besprechung beendet, als ein Kollege ihn fragte, ob er mitkommen wolle, um sich einen Kaffee zu holen. Er willigte ein, aber als sie auf den

Parkplatz eben jenes Cafés fuhren, das er zuvor verlassen hatte, graute ihm davor, es noch einmal zu betreten. Als er sah, dass die Frau immer noch an demselben Tisch saß, bat er seinen Kollegen, ob sie vielleicht woanders hingehen könnten. Er kam sich dumm vor, als er zugeben musste, dass es vielleicht peinlich sein könnte, wenn er erneut in den Laden ging.

Als er die Geschichte hinterher erzählte, schloss er mit diesen Worten: „Anderen etwas Gutes zu tun kann sich sehr unangenehm anfühlen. Wir Menschen möchten das Gefühl haben, alles unter Kontrolle zu haben, und wenn wir uns in bestimmte Situationen begeben, kann das unangenehm sein, weil wir doch nicht immer alles unter Kontrolle haben."

Eine Begegnung von Angesicht zu Angesicht kann manchmal sehr unbehaglich sein, aber die Bibel sagt uns, dass wir das Wort nicht nur hören, sondern auch danach handeln sollen. Wenn wir uns weigern, das zu tun, kann sich unser Leben zwar sehr bequem anfühlen, aber es ist letztlich nicht erfüllend. Wir können aber dagegen angehen, indem wir beschließen, aus unserer Komfortzone herauszukommen und anderen Menschen zu helfen.

*Kristin*

## Die gute Tat für heute:

Erkennen und überwinden Sie das unangenehme Gefühl, wenn Sie jemandem von Angesicht zu Angesicht begegnen, um ihm etwas Gutes zu tun.

TAG 43

# Knauserige Großzügigkeit

Gebt, und es wird euch gegeben werden.
Ein volles Maß wird man euch in den Schoß schütten,
ein reichliches Maß, bis an den Rand gefüllt
und überfließend. Denn das Maß, das ihr verwendet,
wird auch bei euch verwendet werden.

Lukas 6,38

Am Anfang des neuen Schuljahres kaufe ich immer Material für die Schule meiner Kinder, und ich kaufe stets mehr von allem, um es der Schule zu spenden. Einmal ging ich im Supermarkt durch die Gänge und entdeckte die Ordner, die meine Kinder so liebten – mit Hundewelpen, schnellen Autos und Ninja Turtles darauf. Während ich für meine Kinder zugriff und die schönen Ordner kaufte, wollte mich meine allgemein eher sparsame Natur dazu verleiten, für die gespendeten Ordner die einfarbigen, billigen zu nehmen.

Ich hielt inne und dachte an einen Artikel über die psychologischen Auswirkungen, wenn Kinder gute Schulmaterialien gespendet bekommen, statt nur die billigen Sachen. Und mir wurde klar, dass ich im Begriff war, genau das zu tun, was mich an knauseriger Großzügigkeit so aufregt: ich wollte für meine Kinder die guten Sachen kaufen und einem anderen Kind die billigen Sachen geben. Jahrelang habe ich mich immer gewunden, wenn Christen bei einem Spendenaufruf lauter Dinge von minderwertiger Qualität gegeben haben. Ich will damit nicht sagen, dass gespendete Sachen immer aus den teuersten Geschäften stammen müssen, aber ich glaube, es spricht schon etwas dafür, die Dinge zu geben, die wir selbst auch gerne hätten. Ich bat Gott im Stillen um Vergebung. Statt mein Budget zu überziehen, bezog ich meine Kinder in die Angelegenheit mit ein. Sie durften sich eine Mischung aus einfarbigen und bunten Ordnern für sich selbst aussuchen, und dann legten wir die gleiche Mischung von Ordnern beiseite, um sie zu spenden. Meine Kinder lernen auf diese Weise, dass es Freude macht, anderen Menschen schöne Dinge zu schenken, statt das, was übrig bleibt, was niemand will, was ihnen nicht gut genug ist.

Wir sollen großzügige, freudige Geber sein, und es heißt, dass das Maß, mit dem wir geben, bestimmt, mit welchem Maß wir empfangen. Gott war nicht kleinlich mit den Gaben, mit denen er meine Familie überschüttet hat, und wenn ich so geben möchte, wie es die Bibel sagt, kann ich nicht knauserig großzügig sein.

*Julie*

## Die gute Tat für heute:

Überlegen Sie sich,
ob Sie eher knauserig großzügig sind.
Seien Sie bei der nächsten Gelegenheit,
bei der Sie etwas spenden, großzügig.

TAG 44

# Beständig gütig

Werdet nicht müde, das zu tun,
was gut und richtig ist!
2. Thessalonicher 3,13

Meine Schwester Katrina hatte zwei kleine Kinder, als sie mit Mitte 20 Brustkrebs bekam. Durch die Behandlungen, die den Krebs zerstören sollten, hatte sie oft kaum noch Kraft. Die Frauen in unserer Gemeinde beschlossen deshalb, ihr in dieser Zeit zu helfen. Sie machten eine Liste, um der Reihe nach auf ihre Kinder aufzupassen oder für die Familie zu kochen. Eine Frau erklärte sich sogar dazu bereit, jede Woche bei ihr zu putzen.

Ich denke oft an diese Frau, die die unbeliebte Aufgabe übernahm, das Haus meiner Schwester von oben bis unten zu putzen. Sie arbeitete jede Woche mehrere Stunden im Stillen, ohne Beifall oder Zuschauer, die ihre Arbeit sahen. Sogar als die anderen Freiwilligen weniger wurden, weniger Mahlzeiten und weniger Babysitter kamen, blieb Carol dran und diente Katrina treu. Heute ist mir klar, dass das in dieser schweren Zeit eines der größten Geschenke für meine Schwester war. Es ist immer noch eine der größten Liebestaten, an die ich mich aus ihrer Krankheitszeit erinnere.

Vielleicht erfahren wir nie, was unsere Beständigkeit in guten Taten im Leben eines anderen Menschen bewirkt. Güte muss nicht auffallen oder schön sein oder vor den Augen anderer geschehen, damit sie zählt. Das saubere Haus meiner Schwester wurde für mich zur Botschaft dafür, dass jemand dazu bereit war, regelmäßig da zu sein und einen anderen Menschen zu lieben, wo andere aufgegeben hatten. Jeder von uns hat etwas, das er gut kann oder das ihm im Blut liegt. Das kann kochen sein, andere ermutigen, für andere beten oder auch putzen. Diese Gaben können wir Menschen, die eine schwere Zeit durchmachen, anbieten.

Die Bibel ermutigt uns dazu, nicht müde zu werden, Gutes zu tun. Manchmal bedeutet das, dass wir gelegentlich helfen sollen, aber in anderen Fällen kann es auch heißen, dass wir andauernd und regelmäßig da sein sollen. Carol wusste, dass ihr Angebot, Woche für Woche zu kommen, gebraucht wurde, und das hinterließ mit der Zeit tiefe Spuren. Auch wir müssen verstehen, welche Kraft darin liegt, wenn wir regelmäßig für jemand anderen da sind, und müssen uns das zunutze machen.

*Kendra*

## Die gute Tat für heute:

Überlegen Sie sich,
wer regelmäßig Hilfe brauchen könnte,
und überlegen Sie sich, wie Sie dieser Person
regelmäßig etwas Gutes tun können.

TAG 45

# „Aufwürdigungen"

Wenn ein guter Mensch spricht, zeigt sich,
was er Gutes in seinem Herzen trägt.
Doch ein Mensch mit einem bösen Herzen
kann auch nur Böses von sich geben. Denn wovon
das Herz erfüllt ist, das spricht der Mund aus!

Lukas 6,45

Es vergeht kein Tag, an dem ich nicht mit negativen Selbstgesprächen kämpfe. Meine Gedanken kritisieren dann alles, von meiner elterlichen Kompetenz über meinen Körper bis hin zu meiner Menschenscheu, die manchmal hochkommt. Das hört sich dann zum Beispiel so an:

*„Dieses Shirt kann ich nicht anziehen; da sieht man meine wabbeligen Mama-Arme. Ich muss unbedingt trainieren."*

*„Auwei, ich glaube ja nicht, dass ich das gerade zu ihm gesagt habe. Das war wirklich idiotisch."*

*„Ich habe vergessen, ihr das Buch aus der Bibliothek in die Schultasche zu stecken. Was bin ich nur für eine schlechte Mutter."*

Ganz gleich worum es bei diesen Selbstgesprächen geht, man dreht sich oft leichter um negative Dinge als sich bewusst zum Positiven zu orientieren. Mit uns selbst ins Gericht zu gehen scheint uns leichter zu fallen, als uns an die Dinge zu erinnern, die wir an uns mögen. Als ich einmal auf der Arbeit etwas bedauerte, das ich an mir selbst nicht mochte, sagte eine Kollegin zu mir, sie wolle „Aufwürdigungen“ von mir hören. Ich dachte: Was in aller Welt soll das sein?

Eine Aufwürdigung ist das Gegenteil einer Herabwürdigung. Wenn wir jetzt in unserer Familie hören, wie jemand etwas Negatives über sich selbst sagt, dann muss derjenige danach auch drei Aufwürdigungen sagen: Ich kann wirklich schnell lesen. Ich bin gut in Scrabble. Ich bin kreativ.

Diese mentale Übung mag vielleicht komisch klingen, aber sie ist sehr hilfreich bei dem Versuch, nett zu sich selbst zu sein. Weil wir drei Aufwürdigungen für jede Herabwürdigung verlangen, verlagert sich der Fokus insgesamt auf unsere positiven Eigenschaften, auf das, was wir können, was wir mögen, was lustig an uns ist.

Die Bibel sagt, der Mund spricht das aus, wovon das Herz voll ist. Wenn wir also das ändern wollen, was wir laut über uns und andere sagen, müssen wir unsere Gedanken über uns selbst und andere verändern.

*Kristin*

## Die gute Tat für heute:

Seien Sie ein wenig nett zu sich selbst,
indem Sie drei Aufwürdigungen über sich selbst sagen.

TAG 46

# Viertel-Dollar Münzen

Hütet euch davor, eure Frömmigkeit vor den Menschen
zur Schau zu stellen. Sonst könnt ihr
von eurem Vater im Himmel keinen Lohn mehr erwarten.
Wenn du also einem Armen etwas gibst,
dann posaune es nicht hinaus wie die Heuchler.
Sie reden davon in den Synagogen und auf den Gassen,
damit alle sie bewundern. Ich versichere euch:
Diese Leute haben ihren Lohn schon erhalten.

Matthäus 6,1-2

Eine selbst erdachte gute Tat als Teenager gehört zu den liebsten Erinnerungen meines Mannes. Damals ging er an einem Sommernachmittag eine der Haupteinkaufsstraßen in der Innenstadt entlang. In den Läden und Restaurants herrschte geschäftiges Treiben und die Parkplätze mit den Parkuhren waren belegt. Aus irgendeinem Grund (das „Warum" ist über die Jahre verlorengegangen) waren seine Hosentaschen voller Viertel-Dollar-Münzen, und aus einer Laune heraus fing er an, die Straße hinauf und hinunter zu gehen und sie in abgelaufene Parkuhren zu stecken.

Als er mir diese Geschichte zum ersten Mal erzählte, lächelte er bei der Erinnerung daran, und als ich ihn fragte, warum er beschlossen hatte, das Geld in die Parkuhren zu stecken, antwortete er einfach: „Ich hatte die Münzen in der Tasche und konnte mit läppischen 25 Cent Menschen helfen, die teuren Konsequenzen zu vermeiden." Er fügte noch hinzu, dass es ihm besonders gefiel, dass er es heimlich tun konnte und niemand erfahren würde, was er getan hatte.

In einer Welt, die viel zu viele Dinge über die sozialen Netzwerke verbreitet, fällt es mir selbst schwer, die Balance zu finden zwischen den guten Taten, von denen ich anderen erzähle, um sie zu motivieren ebenfalls mitzumachen, und der Warnung aus Matthäus 6. Die Bibel warnt uns dort, dass es Gott nicht gefällt, wenn wir uns öffentlich für unsere guten Taten auf die Schulter klopfen. Wir sollen vielmehr im Verborgenen anderen helfen, und was wir tun bleibt eine Sache nur zwischen Gott und uns.

Es ist ein Balanceakt, der viel Gebet erfordert. Ich habe gelernt, Gott zu bitten, mir meine wahren Beweggründe dafür zu zeigen, bevor ich von einer guten Tat erzähle, und ich versuche immer daran zu denken, wie leicht man stolz werden kann. Einige Dinge erzähle ich zwar weiter, um andere zu ermutigen, aber mein Mann und ich tun auch viel Gutes im Verborgenen, als eine Sache nur zwischen uns und Gott.

*Julie*

## Die gute Tat für heute:

Tun Sie im Geheimen etwas Gutes
und freuen Sie sich darüber,
dass Sie wissen, dass Gott sieht, was Sie tun.

TAG 47

# Das etwas andere Geburtstagsgeschenk

Gebt gerne, ohne zu klagen.
Dann wird euch der Herr, euer Gott,
bei allem, was ihr tut, segnen.

5. Mose 15,10

Als ich vor kurzem meine Freundin Tammy besuchte, erzählte sie die Geschichte vom neunten Geburtstag ihrer Tochter. Unmittelbar vor Megans Geburtstag hatten sie einen Prospekt von *World Vision* in der Post gehabt, in dem lauter Vorschläge gemacht wurden, was man Menschen auf der ganzen Welt an praktischen Dingen spenden kann, zum Beispiel Vieh, medizinische Güter und Schulmaterialien.

Also schlug Tammy ihrer Tochter vor, ihre Gäste zu bitten, dass sie statt Geschenken eine Spende mitbringen. Sie würden dann während der Feier gemeinsam aus dem Prospekt etwas aussuchen, was sie notleidenden Menschen schenken wollten. Ihre Tochter war sofort einverstanden.

Meine Freundin erzählte weiter: „Der Tag der Geburtstagsfeier kam, und wir haben viel draußen gespielt – Sackhüpfen und Dreibeinrennen und solche Spiele. Als wir dann zusammen Pizza gegessen haben, setzten die Kinder sich in Gruppen zusammen. Ich zeigte ihnen den Prospekt und erinnerte sie daran, dass sie Geld statt Geschenken mitgebracht hatten, das wir zusammenlegen wollten, um Familien auf der ganzen Welt Geschenke zu machen."

Während die Kinder überlegten, wofür sie gemeinsam spenden wollten, verkündeten Tammy und ihr Mann Troy, dass sie den Betrag, den die Kinder zusammenlegten, verdoppeln würden. Tammy berichtete, dass es für sie am beeindruckendsten war, den Kindern zuzusehen und zuzuhören, als sie über die Dinge in dem Prospekt sprachen. Es schien, als hätten sie verstanden, dass es Menschen gibt, die es nicht so gut haben oder die ganz anders leben als wir, und dass wir etwas für sie tun können.

Wir sollen großzügig, fröhlich und ohne zu klagen für die Armen geben. Ein Teil des Segens bei dieser Art des Gebens ist, dass es ansteckend sein kann. Ich bin mir sicher, wenn man diese Kinder fragen würde, könnten sie sich immer noch an Megans Geburtstagsparty erinnern, bei der sie für Menschen in Not Geschenke aussuchten. Oft löst unser Geben in unserem Umfeld eine Welle des Gebens aus, und am eigenen Geburtstag großzügig und gütig zu jemand anderem zu sein, ist genau der richtige Anstoß.

*Kendra*

## *Die gute Tat für heute:*

Anlässlich Ihres Geburtstags können Sie etwas für einen anderen Menschen spenden.

TAG 48

# Güte greift ein

Was ihr mich also
in meinem Namen bitten werdet,
das werde ich tun.

Johannes 14,14

An einem Freitag stand folgende Nachricht auf der Facebookseite unserer Gemeinde: Eine alleinerziehende Mutter mit vier Kindern war aus ihrer Wohnung geworfen worden und suchte dringend eine Unterkunft. Sie hoffte, ab Montag durch die Hilfsorganisation einer Kirchengemeinde zumindest dauerhafte, wenn auch wechselnde Unterkünfte zu bekommen. Aber für das Wochenende hatten sie keine Bleibe.

Mir brach es das Herz, als ich daran dachte, welche Sorgen sich diese Mutter machen musste. Wie hilflos würde ich mich wohl in dieser Situation fühlen, wenn ich an ihrer Stelle wäre? Jeder von uns ist nur ein schlimmes Ereignis oder einen Unfall weit davon entfernt, sich in solchen Umständen wiederzufinden. Als ich die Nachricht gelesen hatte, leitete ich sie an meinen Mann weiter, was ich in solchen Situationen oft mache. Weil ich wusste, dass er gerne helfen würde, rief ich ihn danach an.

Nachdem wir uns kurz über die Situation unterhalten hatten, legten wir auf, und er rief sofort unsere Gemeindeleitung an, um ihnen zu sagen, dass wir gerne die Hotelkosten für die Familie für dieses Wochenende übernehmen würden, bis sie am Montag in dieses Hilfsprogramm aufgenommen würden. Die Tatsache, dass wir diese Familie nicht persönlich kannten, spielte keine Rolle. Eine Mutter mit ihren Kleinen war obdachlos – das war die einzige Information, die es brauchte, um mich sofort zum Helfen zu bewegen.

In der Bibel heißt es, wenn wir um irgendetwas in Jesu Namen bitten, wird Gott sich darum kümmern. Wenn wir Gott um Hilfe bitten, hört er uns, und es bewegt ihn zu handeln. Wenn wir Christus widerspiegeln wollen, wie können wir da weniger tun als das? Wenn wir eine Not sehen und wissen, dass wir ihr begegnen können, indem wir uns ein paar Minuten Zeit nehmen oder ein paar Euro von unserem Konto nehmen, um zu helfen, kann das für jemand anderen die entscheidende Wende bedeuten.

*Kristin*

## Die gute Tat für heute:

Manchmal bedeutet gütig zu sein einfach,
dass wir handeln, wenn wir eine Not sehen:
zum Beispiel jemandem den Einkauf zum Auto tragen
oder einer traurigen Nachbarin einen Blumenstrauß bringen.
Halten Sie die Augen nach einem Bedürfnis offen,
dem Sie begegnen können, und tun sie es, ohne zu zögern.

TAG 49

# Rehabilitiertes Versagen

Das eine aber wissen wir:
Wer Gott liebt, dem dient alles, was geschieht, zum Guten.
Dies gilt für alle, die Gott nach seinem Plan und Willen
zum neuen Leben erwählt hat.

Römer 8,28

Als ich beim Anstieg auf dem steilen Serpentinenpfad nach zwei Minuten schon keuchte, wusste ich, dass ich ein ernstes Problem hatte. Ich hatte in den Monaten, bevor wir mit unseren Freunden als Spendenlauf einen Berg in Colorado besteigen wollten, nicht genug trainiert.

Ehrlich gesagt, wollte ich nicht einmal versuchen hinaufzusteigen. Ich betete und sagte zu Gott, wenn jemand auf meine Kinder aufpassen würde, wüsste ich, dass ich mit meinem Mann an dieser Aktion teilnehmen sollte. Und wer hätte es gedacht – noch am gleichen Nachmittag bot mir einer unserer mitgereisten Freunde aus heiterem Himmel an, auf meine Kinder aufzupassen.

Und nun war ich hier und fragte Gott, warum ich diesen Berg hinaufstieg. Als ich keuchend zur ersten Etappe emporstieg, hörte ich vor uns auf dem Weg jemanden weinen. Und so zwang ich meine müden Beine und meine schmerzende Lunge, schneller zu arbeiten, während ich verzweifelt für das betete, was ich wohl dort vorfinden würde.

Als ich das Etappenziel erreichte, traf ich auf eine erschöpfte und verängstigte junge Frau, die ihre Wandergruppe verloren hatte. Später erzählte sie mir, dass ich genau in dem Augenblick um die Ecke gekommen war, in dem sie Gott um Hilfe gebeten hatte. Also begann ich eine freundliche Unterhaltung mit ihr und zog zwei Schokoriegel aus meinem Rucksack. Ich setzte mich zu ihr auf den Felsen in die Sonne und kaute auf der köstlichen Schokolade, während wir darauf warteten, dass ihre Gruppe uns fand.

Es war ein Zusammentreffen voller Tränen und Dankbarkeit, als ihre Gruppe eintrudelte. Während sie wieder den Hang hinunter verschwand, dachte ich über Gottes Plan nach. Ich befand mich genau an diesem Morgen, genau auf diesem Berg, um die Antwort auf das Gebet dieser jungen Frau zu sein.

In meinen Augen war meine Wanderung ein Fehlschlag, aber Gott benutzte sie, um jemand anderem zu helfen. Gott benutzt so oft Umstände, die wir als Versagen, Schwäche oder Tragödie betrachten, um Gebete zu erhören, Leben zu verändern und anderen seine Herrlichkeit zu zeigen.

Haben Sie in letzter Zeit in irgendeinem Lebensbereich versagt? Bitten Sie Gott, dass er diese Erfahrung zu Ihrem Besten gebraucht oder um jemand anderem zu helfen.

*Julie*

## Die gute Tat für heute:

Überlegen Sie, bei welcher Gelegenheit
Gott Ihr Versagen zu etwas Gutem gebraucht hat.

TAG 50

# Eine unglaubliche Menge Güte

Am folgenden Tag, als er weiterreisen musste,
gab er dem Wirt zwei Silberstücke aus seinem Beutel
und bat ihn: „Pflege den Mann gesund!
Sollte das Geld nicht reichen, werde ich dir den Rest
auf meiner Rückreise bezahlen!"

Lukas 10,35

Tim hatte mal wieder eine Idee ausgebrütet und erzählte sie unserer Gemeindeleitung: Wie wäre es, wenn wir an einem bestimmten Tag an unserem Wohnort anonym Gutes tun würden? Wie wäre es, wenn wir uns auf alle Supermärkte, Tankstellen und Cafés in der Gegend aufteilten und jeder von uns die Rechnung eines anderen begleichen würde?

Nachdem wir die Sache zwei Monate lang geplant hatten, kam der Tag. Jeder von uns vollbrachte an diesem Tag seine eigene gute Tat, und dann sahen wir begeistert zu, wie die Geschichten rasend schnell auf der Nachrichtenseite unserer Gemeindeverwaltung erschienen:

*„Ich wollte mit meinen Söhnen Pizza essen gehen. Die Bedienung hat mir gesagt, dass jemand vor mir 20 Dollar für den nächsten Kunden gespendet hätte. Derjenige hat sogar auch eine Nachricht hinterlassen. Mir kamen die Tränen. Wer auch immer du bist, danke, dass du Menschen eine Freude gemacht hast."*

*„Ich bin hierhergekommen, um für meine Prüfung morgen zu lernen, und ein freundlicher Unbekannter hat fünf Dollar für*

*meinen Kaffee bezahlt und mir eine Karte dagelassen, auf der stand: ‚Du bist geliebt.'"*

*„Der Mann vor mir in der Schlange gab dem Kassierer einen Gutschein für die Person hinter sich, und das war ich. Was für eine wunderbare Geste. Ich bin sehr dankbar dafür."*

*„Ein freundlicher Mensch hat im Rstaurant unsere Rechnung bezahlt. Wir waren zu neunt! Mir standen die Tränen in den Augen. Das war unglaublich."*

Die Menschen staunten über die Freundlichkeiten und die handgeschriebenen Nachrichten, die sie bekommen hatten, und sie spekulierten darüber, warum an einem Tag so viel Gutes getan wurde. Irgendwo zwischen Geschichten über Verbrechen und Nachbarschaftsklagen standen die Geschichten über die geheimnisvollen guten Taten und sie wurden übermäßig oft geteilt. Wir sollen zwar großzügig geben, aber an jenem Tag fühlten wir uns durch die Reaktionen der Empfänger genauso gesegnet wie dadurch, dass wir an diesen guten Taten teilhaben durften.

Kristin

## Die gute Tat für heute:

Überlegen Sie sich eine ähnliche Aktion,
entweder alleine oder zusammen mit Freunden.

TAG 51

# Freundlichkeit gegenüber Fremden

Vergesst nicht,
Fremden Gastfreundschaft zu erweisen ...

Hebräer 13,2

Es ist noch nicht lange her, da kam in unseren lokalen Nachrichten die tragische Geschichte eines Vaters, der fünf seiner Kinder bei einem Hausbrand verloren hatte. Als ich den Bericht hörte, liefen mir die Tränen übers Gesicht. Ich konnte mir kaum vorstellen, wie er sich als Vater fühlen musste.

In dem Moment ging meine Tochter gerade durch das Zimmer, und als sie innehielt und mich fragte, was los sei, zögerte ich einen Augenblick, es ihr zu erzählen. Es kann schwer sein, dem Schmerz dieser Welt zu begegnen, und oft möchte ich meine Kinder vor der Realität des Lebens schützen. Aber an diesem Abend entschloss ich mich, meiner Tochter zu erzählen, was ich gerade gehört hatte. Anschließend sprachen wir darüber, wie wir diesem Mann helfen konnten.

Als erstes beteten wir. Dann beschloss meine Tochter, eine Karte zu basteln, und wir schickten sie mit einer Spende an den Hilfsfond, der für die Familie eröffnet worden war, um die Bestattungskosten und den Verlust ihrer Habe zu decken.

Obwohl wir den Mann nicht persönlich kannten und auch später nie erfahren haben, was aus ihm und dem Rest der Familie geworden war, fühlte es sich unbeschreiblich gut an, jemandem, der in Not geraten war, zu helfen.

Wir hören täglich Geschichten von Menschen in unserer Gegend, unserer Stadt und auf der ganzen Welt, die leiden. Anstatt diese Geschichten auszublenden, fordert uns die Bibel dazu auf, Fremden gegenüber gastfreundlich zu sein. Wir können vielleicht nicht überall helfen, aber wenn wir auf Gottes Führung achten, werden wir Gelegenheiten entdecken, in denen wir auf Fremde zugehen und ihnen die Güte und Liebe Jesu zeigen können.

Haben Sie schon einmal einer fremden Person Ermutigung oder Unterstützung zukommen lassen? Oder vielleicht haben Sie einmal die Freundlichkeit von jemandem erlebt, den Sie persönlich gar nicht kannten? Wie gut hat es sich angefühlt, dass jemand, den Sie noch nie gesehen haben, Sie unterstützt hat?

*Kendra*

## Die gute Tat für heute:

Lassen Sie einer Ihnen fremden Person,
die gerade in schwierigen Umständen steckt,
Ermutigung und Unterstützung zukommen.

TAG 52

# Ein warmes Zuhause

Unterdrückt die Fremden nicht,
die bei euch leben, sondern behandelt sie
wie euresgleichen. Liebt sie wie euch selbst …

3. Mose 19,33-34

Eine Freundin von mir wurde gebeten, für zwei Nächte bei sich einen Gast aus dem Ausland aufzunehmen, und sie tat es gerne. Dieser Gast wurde einfach ins Familienleben miteinbezogen, und sie verbrachten den ersten Nachmittag und Abend mit ganz gewöhnlichen Dingen, die man eben in einem amerikanischen Haushalt mit zwei Kindern und Haustieren so tut.

Als die Kinder abends im Bett waren, drehte sich die Unterhaltung um die Heimatstadt des Gastes und um den Aufenthalt in den USA. Sie fingen an, die Gemeinsamkeiten und Unterschiede zwischen beiden Kulturen zu erforschen, die auf gegenüberliegenden Seiten der Erde lagen.

Mitten in diesem Gespräch hielt der Gast meiner Freundin inne und meinte mit einer Geste, die den ganzen Raum einschloss: „So etwas will ich auch eines Tages." Sie meinte weiter, dass sie auf ihren Reisen schon in wesentlich eleganteren Häusern übernachtet hätte, dass aber das Zuhause meiner Freundin warm sei.

Warm. Sie sagte dieses Wort mit einem leisen, sehnsüchtigen Seufzer, und es war eindeutig als Kompliment gedacht. „Warm" reicht hinter die Fassade und richtet sich auf das Herz des Hauses und die immateriellen Dinge, die eine Familie und ein Zuhause ausmachen. Was diese Frau als warm bezeichnete, war die sehr bewusste Freundlichkeit meiner Freundin, die sie durch ihre

Gastfreundschaft zeigte und dadurch, dass ihre Familie bereit war, andere in ihr Leben miteinzubeziehen. Ihnen ist es wichtig, dass sie Jesus und seine Liebe dadurch sichtbar machen, dass sie anderen Menschen ihr Haus und ihre Herzen öffnen.

In einer Kultur, die oft auf Äußerlichkeiten fixiert ist und bestrebt ist, mit den Nachbarn mithalten zu können, legt Gott viel größeren Wert auf die Pflege unseres Herzens. Gutes kommt letztlich aus Herzen, die vor Güte überfließen. Der Zustand unseres Herzens zeigt sich oft auf überraschende Weise – und zwar so deutlich, dass Fremde aus fernen Ländern es spüren, auch wenn sie es nicht in Worte fassen können. Es sind die Herzen derer, die Gott lieben und ihm folgen, die sich in einem warmen Zuhause widerspiegeln.

*Julie*

## *Die gute Tat für heute:*

Betrachten Sie die Temperatur Ihres Zuhauses als Indikator für die Herzen der Menschen, die in ihm leben. Wenn es nicht warm ist, sollten Sie darüber beten und überlegen, was Sie verändern sollten.

TAG 53

# Mahlzeiten verschenken

Ob ihr esst oder trinkt oder was immer ihr sonst tut – alles soll zur Ehre Gottes geschehen.

1. Korinther 10,31

Als ich einmal mit meinem Mann ein Wochenende in Chicago verbrachte, sah ich an einer Straßenecke in der Innenstadt einen obdachlosen Mann sitzen. Tim lässt keine Gelegenheit aus, um einem Obdachlosen etwas Gutes zu tun, vor allem nicht, wenn er einen Augenblick Zeit hat. Also blieb er stehen, um sich mit ihm zu unterhalten.

Wir waren zufällig gerade auf dem Weg, zu einem Stand, an dem man die berühmten Chicagoer Hotdogs kaufen kann und so sagte Tim am Ende des Gesprächs zu dem Mann: „Ich bin gleich wieder da und bringe etwas zu essen mit."

Nachdem wir selbst zu Ende gegessen hatten, kaufte Tim noch eine Tüte voll mit Hotdogs und etwas zu trinken, und auf dem Weg zu unserem Hotel gingen wir wieder bei demselben Mann vorbei.

Vollkommen erstaunt sagte der Mann: „Ihr seid tatsächlich zurückgekommen. Sie kommen nie zurück. Sie sagen alle, sie kommen wieder, aber sie tun es nicht."

Nahrungsmittel sind so ein grundlegender Bestandteil unseres täglichen Lebens, dass es leicht ist, jemandem etwas zu essen zu schenken. Angefangen bei Mahlzeiten für Kranke, Familien in Notlagen oder frisch gebackenen Eltern, die keine Zeit zum Kochen haben, über Kekse als Willkommensgruß für neue Nachbarn oder als Dankschön für Lehrer und Hausmeister, können geschenkte Mahlzeiten oder kleine Leckereien oft eine große Bedeutung haben.

Mahlzeiten sind praktisch, trösten und sind für jeden Menschen notwendig, und dabei müssen wir nur einfach doppelt so viel kochen, ein bisschen mehr einkaufen oder eine Pizza liefern lassen. Sich die Nöte eines anderen Menschen bewusst zu machen und ihnen zu begegnen, kann viel bewirken.

Die Dankbarkeit dieses Mannes für etwas so Kleines und doch Grundlegendes wie eine Mahlzeit – sogar einfache Hotdogs und Pommes – war ein guter Hinweis dafür, dass gute Taten nicht immer groß und ausgefallen sein müssen. Aber was auch immer wir tun, wir sollten es ausschließlich zu Gottes Ehre tun und um seine Liebe zu zeigen.

*Kristin*

## Die gute Tat für heute:

Spendieren Sie jemandem
eine leckere Mahlzeit.

TAG 54

# Was wird gebraucht?

Denkt daran, liebe Brüder und Schwestern:
Seid sofort bereit, jemandem zuzuhören;
aber überlegt genau, bevor ihr selbst redet.

Jakobus 1,19

Vor kurzem hat eine unserer Freundinnen Kristin, Julie, mich und unsere Leser dazu inspiriert, zu Beginn des neuen Schuljahres Schulmaterialien für notleidende Kinder zu kaufen. Wir gingen darauf ein und baten noch andere Personen mitzumachen.

Kurze Zeit später schrieb eine andere Freundin auf ihrem Blog über eine Aktion in ihrer Gemeinde, die sie *Das große Geben* genannt hatten und bei der Familien geholfen werden sollte, die kein Geld für Schulmaterialien für ihre Kinder hatten. Jedes Kind sollte einen Rucksack gefüllt mit Heften und Stiften geschenkt bekommen. Und die Gemeinde ging sogar noch weiter und bot neue Kleidung, Winterjacken, einen Haarschnitt und sogar eine Mahlzeit und Spiele an, damit der ganze Tag den Familien Spaß machen würde. Besser als mit diesen guten Taten konnte man den Kindern und ihren Eltern nicht helfen, damit sie sich am Schulanfang gut fühlten.

Es ist erstaunlich, was wir uns zusammen mit anderen ausdenken und umsetzen können. Als ich Rachel, die Organisatorin von *Das große Geben*, fragte, wie sie auf diese Idee gekommen war, erzählte sie mir, dass sie im vergangenen Jahr die Schulen in unserer Stadt besucht und die Schulleiter gefragt hatte, welche Bedürfnisse die Kinder hatten. Sie mutmaßte nicht einfach was andere brauchen könnten – sie fragte nach. Und so konnte sie mit ihrer Gemeinde etwas planen, was den tatsächlichen Nöten begegnete.

Oft fragen wir uns, was wir als Einzelne oder Gruppe tun können, um Menschen um uns herum zu helfen und Gutes zu tun. Einer der besten Wege, das herauszufinden, ist zu fragen. Die Bibel fordert uns dazu auf, stets bereit zu sein zuzuhören, aber zu überlegen, bevor wir reden. Wenn wir uns die Zeit nehmen, anderen zuzuhören und herauszufinden, was sie wirklich brauchen, können wir ihnen noch effektiver Gutes tun, indem wir das tun, was ihnen am meisten nützt.

*Kendra*

## Die gute Tat für heute:

Fragen Sie eine andere Person
in Ihrem näheren Umkreis oder eine ganze Gruppe,
was sie brauchen, und überlegen Sie sich dann,
wie Sie diesem Bedürfnis begegnen können.

TAG 55

# Der Lehrling

… lasst den Geist Gottes in euch brennen
und dient so dem Herrn!

Römer 12,11

Als ich mich mit einer Freundin bei einem gemeinsamen Mittagessen unterhielt, drehte sich das Gespräch um eine E-Mail, die ich verschickt hatte und in der ich mehrere Leute darum gebeten hatte, in einer besonderen Notlage bei uns am Ort zu helfen. Die Reaktionen auf diese Mail waren großzügig und umgehend – anscheinend hatten alle nur einen Anstoß gebraucht, jemanden, der die Sache in die Hand nahm und einen Vorschlag machte. Trotzdem ärgerte es mich, dass sich niemand anderes der Sache angenommen hatte.

Als wir uns über die mangelnde Initiative und die begeisterte Reaktion auf meinen Vorschlag unterhielten, rangen wir mit der Frage, warum die Menschen nicht einfach handeln, wenn sie eine Not sehen, sondern warten, bis sie aufgefordert werden. Als mögliche Gedanken, die Menschen dazu bringen könnten nichts zu tun, statt die Initiative zu ergreifen, kam uns folgendes in den Sinn: die Angst zu versagen und die Angst, jemanden versehentlich zu verletzen.

Tatsache ist aber, dass wir Christen dazu aufgefordert sind, uns zu bewegen und nicht im Status quo und der Gleichgültigkeit zu verharren. Gott zu dienen heißt automatisch auch, Menschen zu dienen, und deshalb sind wir aufgerufen, voranzugehen, vor allem wenn andere zögern. Wir sind als Jünger Jesu Lehrlinge und lernen, so zu leben und zu lieben, wie es uns die Bibel an seinem

Beispiel zeigt. Es ist wichtig zu verstehen, dass Lehrlinge nicht nur lernen, indem sie lesen und zuhören, sondern auch indem sie Dinge tun – indem sie dem Weg des Meisters nachgehen, dabei hin und wieder Fehler machen, korrigiert werden und es noch einmal versuchen.

Elektriker lernen ihr Handwerk nicht, indem sie Videos anschauen und Gebrauchsanleitungen lesen. Sie lernen unter der sorgsamen Aufsicht eines Meisters, in einer persönlichen Beziehung mit Ermutigung und Korrektur. Und lernen wir auf diese Weise nicht auch Gott zu dienen – durch eine persönliche Beziehung zu Jesus Christus? Eine Beziehung, in der das Bibellesen unsere wichtigste Anleitung ist und in der wir aufgefordert sind, etwas zu tun?

Wenn wir anfangen, die Lehren Jesu auszuleben, wird es immer leichter, der erste zu sein, der zur Fürbitte oder Hilfe die Stimme erhebt oder jemandem die Hand reicht. Wir sollen den Geist Gottes in uns brennen lassen und dazu gehört auch, der erste zu sein, der etwas unternimmt, und andere einlädt mitzumachen.

*Julie*

## Die gute Tat für heute:

Wenn Sie eine Not sehen, fordern Sie andere dazu auf mitzuhelfen, statt derjenige zu sein, der aufgefordert werden muss.

TAG 56

# Auf der Straße angehalten

Meine Schafe hören auf meine Stimme;
ich kenne sie, und sie folgen mir.
Johannes 10,27

Mein Freund Steve fuhr eines Morgens auf der Schnellstraße, als er am Straßenrand einen Mann bei seinem verbeulten Transporter stehen sah. Beide sahen aus, als hätten sie schon einige schwere Zeiten hinter sich. Steve hielt an, um zu fragen, ob der Mann Hilfe brauchte, aber dieser antwortete, dass er bereits einen Abschleppdienst in der Nähe angerufen habe und sich in die nächste Werkstatt abschleppen lassen wolle. Da die Sache geregelt war, fuhr Steve weiter und machte sich an seine Arbeit.

Als Steve am Nachmittag zufällig an jener Werkstatt vorbeifuhr, sah er den Transporter vom Morgen draußen stehen und hatte den Eindruck, Gott wolle, dass er die Kosten der Reparatur übernahm. Er folgte diesem Eindruck, ging ins Büro und fragte den Mann am Tresen, was die Reparatur des Pickups kosten würde. Als Steve hinzufügte, dass er nicht der Eigentümer des Wagens war, schaute der Mitarbeiter ihn etwas verwirrt an, gab ihm aber die Auskunft. Dann gab ihm Steve genügend Bargeld, um die Kosten der Reparatur zu decken. Der Mitarbeiter fragte Steve, ob er dem Besitzer sagen solle, wer die Rechnung bezahlt hatte, aber Steve lehnte ab.

„Nein danke", erwiderte er. „Sagen Sie ihm einfach, ich hoffe, dass seine Woche besser wird."

Jesus sagte einmal, dass er der gute Hirte ist und dass sein Volk die Schafe sind, die ihm folgen. „Meine Schafe hören auf meine

Stimme“, sagte er. Ehrlich gesagt ist es manchmal leicht, Gottes leise Stimme zu ignorieren. Wenn Gott uns auffordert, etwas zu tun, das außerhalb unserer Komfortzone liegt oder uns irgendetwas kostet, kann es schwerer sein, diesem Ruf zu folgen, als ihn zu ignorieren. Aber wenn wir gehorchen, wird er in und durch uns wirken, um andere Menschen zu segnen.

*Kristin*

## Die gute Tat für heute:

Bitten Sie Gott, Ihnen zu sagen,
wie Sie anderen Menschen zum Segen werden können.
Wenn Sie von ihm dann
eine Idee geschenkt bekommen,
sollten Sie ihr folgen.

TAG 57

# Wir ernten, was wir säen

Wer wenig sät, wird auch wenig ernten.
Und wer reichlich sät, wird reichlich ernten.
2. Korinther 9,6

Gutes zu tun ist nicht immer eine natürliche Reaktion. Oft ist es etwas, das wir über längere Zeit lernen müssen. Die Geschäftigkeit des Lebens, der raue Umgangston anderer oder auch nur unsere endlosen To-do-Listen können uns davon abhalten, gut zu anderen zu sein. Manchmal ist uns einfach nicht danach, etwas für andere zu tun. Für diese Augenblicke muss man zunächst einmal einüben, Gutes zu tun und es sich außerdem fest vornehmen.

Es gibt viele Gelegenheiten, bei denen mir nicht danach ist, freundlich zu sein: Wenn ich auf meine Kinder oder meinen Mann wütend bin, oder wenn ich mich aufrege, weil jemand mich im Verkehr geschnitten hat oder in der Schlange an der Kasse unfreundlich ist. Wenn in solchen Augenblicken Freundlichkeit keine Gewohnheit ist, kann es passieren, dass ich einfach nicht genug Kraft habe, um freundlich zu sein, und reagiere gereizt. Aber ich habe immer die Wahl, wie ich reagieren will, und wenn wir es uns zur Gewohnheit machen, freundlich zu sein, fällt uns die Entscheidung in schwierigen Situationen leichter.

In schwierigen Augenblicken können wir uns daran erinnern, dass die Bibel uns sagt: Wer wenig sät, wird auch wenig ernten, aber wer reichlich sät, der wird auch reichlich ernten. Das gilt auch für das Gute, das wir anderen tun, und es fordert uns dazu auf, reichlich von dem zu säen, was wir gerne zurückbekommen würden. Es ist wirklich ganz einfach: Wenn wir wollen, dass andere freundlich zu uns sind, müssen wir bereit sein, zuerst freundlich zu ihnen zu sein und nicht darauf zu warten, dass sie freundlich zu uns sind.

Haben Sie das Gefühl, dass Sie zu viel zu tun haben und es fällt Ihnen schwer, freundlich zu sein? Kämpfen Sie noch damit, Freundlichkeit zu einer Gewohnheit zu machen, statt einer einmaligen Angelegenheit? Dann denken Sie daran, dass es nicht immer große Taten sein müssen. Die Gewohnheit, Gutes zu tun, kann man sich mit vielen kleinen Dingen angewöhnen. Man muss es sich nur vornehmen. Seien Sie heute mit Ihrer Freundlichkeit großzügig, auch wenn Ihnen nicht danach ist.

*Kendra*

## Die gute Tat für heute:

Beschließen Sie für sich,
auch in einem frustrierenden Augenblick
auf jemand anderen freundlich zu reagieren.

TAG 58

# Das Puppenkleid

Jeder von uns soll das Wohl des anderen
im Blick haben und so leben, dass er ihn zum Guten
ermutigt und im Glauben stärkt.

Römer 15,2

Meine Tochter liebt ihre American Girl Puppe, die ihre Großmutter und ihre Tante ihr vor einigen Jahren geschenkt haben, heiß und innig und war immer glücklich, wenn sie zu Weihnachten und zum Geburtstag Kleider und Zubehör für diese Puppe bekam. Außerdem nimmt sie diese gerne mit zu ihren Freundinnen, vor allem, wenn die Freundin eine ähnliche Puppe hat.

Während wir uns während einer Autofahrt über ihre heißgeliebte Puppe unterhielten, erwähnte meine Tochter beiläufig, dass sie eines ihrer Puppenkleider verschenkt hatte – aber nicht irgendeines, sondern ein wunderschönes, teures Kleid. Ich war überrascht und überlegte, wie ich ihr erklären konnte, dass sie das Kleid zurückfordern solle. Aber dann erwischte mich die Erklärung meiner Tochter eiskalt.

Sie erzählte mir, dass sie das Kleid verschenkt hatte, weil ihre Freundin keine hübschen Kleider für ihre Puppe hatte – genau genommen hatte sie überhaupt nicht viele Kleidungsstücke für ihre Puppe und erst recht kein Kleid. Das war meiner Tochter aufgefallen und sie hatte ihr einfach ihr Kleid gegeben. Sie erzählte mir, wie sehr ihre Freundin dieses Kleid liebt, wie wunderbar ihre Puppe darin aussieht und wie viel Spaß sie beim Spielen mit den Puppen hatten, wenn sie so taten als lebten sie beide in alten Zeiten.

Als ich die Erklärung meiner Tochter auf mich wirken ließ, verflog meine Irritation. Ich schluckte meine tadelnden Worte hinunter und lobte stattdessen ihre aufmerksame, großzügige und freundliche Art. Sie tat genau das, worum mein Mann und ich beten, dass unsere Kinder es tun – sie erkannte die Not ihrer Freundin und begegnete ihr mit Großzügigkeit. Für sie war es gar keine große Sache, sondern gehörte einfach zum Auf und Ab ihres Lebens. Es war gar nichts Außergewöhnliches in ihren Augen, sondern eine ganz gewöhnliche Freundlichkeit gegenüber einer Freundin, die sie sehr mag.

Gott hat uns aufgetragen, uns gegenseitig im Glauben zu stärken und andere zu unterstützen und ihnen zu helfen, indem wir das tun, was richtig ist. Ich will und kann meine Tochter nicht dafür tadeln, dass sie aus eigenem Antrieb ein gutes, großzügiges Geschenk gemacht hat. Ich werde das leise Reden des Heiligen Geistes in ihrem jungen Leben nicht unterdrücken, sondern werde sie stattdessen bei jedem Glaubensschritt ermutigen.

*Julie*

## Die gute Tat für heute:

Halten Sie Ausschau nach jemandem,
der das Richtige tut,
und loben Sie ihn dafür.

TAG 59

# Aufopferungsvolles Geben

Jesus rief seine Jünger zu sich und sagte:
„Ich versichere euch: Diese arme Witwe
hat mehr gegeben als alle anderen."
Markus 12,43

Eine Freundin vertraute mir einmal folgende weise Worte an:

*Ich tue oft Dinge für Menschen, die ich nicht kenne. Ich tue das nicht, um gelobt zu werden oder gut dazustehen. Ich tue es, weil ich weiß, wenn ich an ihrer Stelle wäre, wäre es ein großer Segen für mich. Wir sind oft sehr knapp bei Kasse, und ich weiß, wie es sich anfühlt, sich Gedanken darüber zu machen, wie viel Sprit noch im Tank ist oder ob wir bis zum nächsten Gehalt genug zu essen haben. Wir haben auch schon Zeiten des Überflusses erlebt, und obwohl wir meistens nichts „übrig" haben, haben wir doch mehr als viele andere, also nehme ich oft das Opfer auf mich und gebe anderen etwas.*

Ihre eigenen schweren Zeiten als Familie haben meine Freundin, ihren Mann und ihre vier Kinder dazu angespornt, anderen zu helfen. Deshalb haben sie Lebensmittel für Familien gekauft, die knapp bei Kasse sind, haben Obdachlosen etwas zu essen gebracht und haben Weihnachtsgeschenke für andere Familien gekauft – und das alles, weil sie wissen, wie es ist, wenn es im Leben etwas brenzlig wird.

Im Markusevangelium erzählt Jesus eine Geschichte vom Geben. Jesus beobachtet reiche Leute, die große Geldsummen in den Opferkasten legen und dann eine arme Witwe, die nur zwei kleine Münzen hineinwirft. Er ruft seine Jünger zu sich und erzählt ihnen, dass die arme Witwe mehr gegeben hat als die reichen Leute, denn sie haben nur einen kleinen Teil von dem gegeben, was sie hatten, aber die Witwe hat alles gegeben, was sie zum Leben hatte.

Vielleicht hat die Witwe mehr gegeben, weil sie genau wie meine Freundin wusste, was es heißt, mit wenig leben zu müssen. Sie wusste, wie sich ein leerer Schrank und ein schmales Einkommen anfühlen, wenn man mitten im Arbeitsplatzwechsel und finanziellen Schwierigkeiten eine Familie durchbringen muss. Es ist ein aufopferungsvolles Geben. Aber es macht Gott Ehre, wenn wir sowohl in Zeiten des Überflusses als auch in Zeiten der Not treu sind und mit aufrichtigem Herzen geben.

*Kristin*

## Die gute Tat für heute:

Überlegen Sie einmal,
in welchem Maße Sie geben können,
egal ob es sich um Geld, Zeit
oder ihre Begabungen handelt.

TAG 60

# Das Vermächtnis der Güte

**Genauso lasst eure guten Taten leuchten vor den Menschen, damit alle sie sehen können und euren Vater im Himmel dafür rühmen.**

Matthäus 5,16

Meine Tante und mein Onkel waren 20 Jahre lang Pflegeeltern. In dieser Zeit hatten sie 15 Kinder für längere Zeit zur Pflege und adoptierten vier von ihnen. Als junges Mädchen beobachtete ich, wie sie sich um diese Kinder kümmerten und sie in schwierigen wie in fröhlichen Zeiten liebten. Sie hielten uns Kindern nie große Vorträge oder Predigten darüber, dass man andere Menschen lieben soll; sie zeigten uns nur mit ihrem Leben, was es bedeutet, andere zu lieben.

Diese Lektion beeinflusste mich so sehr, dass ich mit meinem Mann darüber sprach, als wir überlegten, selbst eine eigene Familie zu gründen. Als ich erwähnte, dass ich gerne Pflegekinder aufnehmen würde und ihm von meinen Erfahrungen mit meiner Tante und meinem Onkel erzählte, die ich all die Jahre beobachtet hatte, war er sofort einverstanden. Sechs Jahre lang nahmen wir ebenfalls Kinder auf, die ein Zuhause brauchten. Wir kümmerten uns um insgesamt 20 Kinder und adoptierten zwei endgültig.

Ich denke oft an meine Erziehung und daran, wie mir als Kind mehr vorgelebt wurde, wie man gütig und liebevoll zu anderen ist, als dass darüber gesprochen wurde. Dieses Beispiel ist für mich eine Herausforderung, in meiner eigenen Familie, meinen Kindern nicht nur zu erzählen, wie man sich verhalten soll, sondern es ihnen durch mein Handeln vorzuleben. Freundlichkeit ist nicht nur ein Gedanke oder eine Idee, es geht darum, das eigene Leben so zu leben, dass andere sie darin sehen können. Ich weiß, dass meine Tante und mein Onkel niemals daran gedacht hätten, dass ich ihrem Beispiel folgen und selbst Pflegekinder aufnehmen würde. Sie taten einfach, was für sie normal war. Aber diese Güte wurde weitervererbt, und zwar nicht nur an die Kinder in ihrem eigenen Zuhause, sondern auch an mich.

Wenn wir über unser Leben nachdenken und darüber, was wir anderen gerne hinterlassen möchten, welches Vorbild sind wir dann in unserem täglichen Leben und unserem Handeln für sie? Lassen wir unsere guten Taten leuchten, damit alle sie sehen, damit alle unseren Vater im Himmel loben? Was können wir heute Gutes tun, das nicht nur dem Empfänger zugutekommt, sondern auch anderen, die uns vielleicht dabei beobachten?

*Kendra*

## Die gute Tat für heute:

Tun Sie in Gegenwart Ihres Ehepartners,
Ihrer Kinder oder Ihres Freundes jemandem etwas Gutes –
nicht weil sie gelobt werden wollen,
sondern um ein Vorbild zu sein,
an das sich die anderen noch Jahre später erinnern.

WENN SIE SICH MORGENS
IM BÜRO

*Kaffee holen,*

DANN BRINGEN SIE DOCH
BEIM NÄCHSTEN MAL
EINEM KOLLEGEN
ODER EINER KOLLEGIN
AUCH EINEN MIT.

LADEN SIE
JEMANDEN, DER FÜR SIE
*ein Vorbild*
IST, ZUM ESSEN EIN UND ZU
ETWAS, DAS IHNEN BEIDEN
SPASS MACHT.

TAG 61

# Gutes zu tun ist nicht genug

Bewahrt die Worte im Herzen, die ich euch heute sage!
Prägt sie euren Kindern ein! Redet immer und überall davon,
ob ihr zu Hause oder unterwegs seid,
ob ihr euch schlafen legt oder aufsteht.

5. Mose 6,6-7

Als wir in den Drive-Through beim McCafé fuhren, fragte ich unsere Kinder, ob wir für das Auto hinter uns die Rechnung bezahlen sollten. Vom Rücksitz war sofort Jubelgeschrei zu hören. Wir kicherten aufgeregt, als wir sahen, wie eine rote Limousine auf die Spur hinter uns einbog. Als wir bezahlten und wegfuhren, sahen die Kinder gebannt zum Rückfenster hinaus, in der Hoffnung den magischen Moment zu erwischen, wenn die Fahrerin hinter uns die gute Nachricht hörte.

„Okay, wer möchte für die Frau in der roten Limousine beten?", fragte ich, als ich in den Rückspiegel schaute.

Daraufhin wurde es hinter mir verdächtig still. Als ich auch auf meine zweite Bitte um Gebet nur Schweigen erntete, wurde mir bewusst, dass meine Kinder einerseits bei einer gelegentlichen guten Tat Freude verspürten, andererseits aber zögerten, für die Person zu beten, der wir gerade etwas Gutes getan hatten.

Es ist oft leichter, jemandem einen Kaffee zu spendieren und die gute Tat für diesen Tag damit erledigt zu haben, als die Zeit und Energie zu investieren, für diese Person auch noch zu beten. Es ist oft weniger aufwendig, einer vorübergehenden materiellen Notlage zu begegnen als einer geistlichen Not und gezielt für sie zu beten.

Gut zu anderen zu sein heißt nicht nur einfach, gelegentlich Gutes zu tun, weil es Freude macht, und dann sein Leben weiterzuleben wie vorher. Es geht darum, die Liebe Christi zu manifestieren, Gottes Liebe durch Taten greifbar zu machen und unseren Glauben jeden Tag praktisch sichtbar werden zu lassen.

Als mir klar wurde, dass ich meine Kinder daran erinnern musste, was Güte im biblischen Sinn bedeutet, unterhielten wir uns darüber, was es bedeutet Gutes zu tun, über Gott und über das Gebet und darüber, dass diese Dinge in unserem Leben ineinanderfließen müssen. Während ich meinen Kindern bewusst mache, was es bedeutet, im Glauben zu leben, vertraue ich darauf, dass Gott diese Unterhaltungen und diesen Glaubensweg, auf dem wir uns als Familie gerade befinden, tief in ihre Herzen pflanzt. Ich hoffe, dass sie auch als Erwachsene diesem Weg mit Gott folgen werden.

*Julie*

## Die gute Tat für heute:

Beziehen Sie ein Kind, das Sie kennen und lieben,
in eine gute Tat mit ein, und dann sprechen Sie mit ihm
über die biblische Bedeutung von Güte.

TAG 62

# Das Geschenk der Dankbarkeit

Der Herr hat euch doch längst gesagt, was gut ist!
Er fordert von euch Menschen nur eines:
Haltet euch an das Recht, begegnet anderen mit Güte,
und lebt in Ehrfurcht vor eurem Gott!

Micha 6,8

Als ich einen Blick zu meinem Mann hinüberwarf, sah ich, dass er weinte. Er ist ein starker Mann mit einem weichen Herzen. Es war gegen Ende einer Abendveranstaltung auf einer Freizeit für alleinerziehende Mütter, und als Redner, der später noch über Finanzen sprechen sollte, war er einer der wenigen Männer, die anwesend waren. Er beugte sich zu der Stuhlreihe vor uns, und als er die Leiterin der Freizeit umarmte, versuchte er etwas zu sagen, brachte es aber vor Rührung kaum heraus.

Als ich ihn später darauf ansprach, sagte er, er habe ihr danken wollen, dass er bei dieser Veranstaltung dabei sein durfte.

Uns beiden liegen alleinerziehende Mütter besonders am Herzen. Ich wuchs nicht mit einer auf, aber mein Mann schon. Seine Mutter war eine starke Frau, die ihm beigebracht hatte, rücksichtsvoll und höflich, liebevoll und respektvoll zu sein. Als Familie haben wir schon mehrfach alleinerziehende Mütter für einige Monate bei uns zu Hause aufgenommen, bis sie wieder auf die Füße kamen. Wir haben für sie Haushaltsgeräte gekauft, Darlehensraten und Arztrechnungen bezahlt – nicht, weil wir so großartig sind, sondern weil Gott so großartig ist.

Als ich meinen Mann weinen sah und wusste, dass seine Worte von Herzen kamen, erkannte ich, wie Großzügigkeit den Geber verändern kann. Wenn wir Gottes Gebot befolgen, anderen mit Güte zu begegnen und in Ehrfurcht vor Gott zu leben, wirken wir an Gottes großer Geschichte mit uns Menschen mit. Jedes Mal, wenn ich daran denke, was wir mit Gottes Hilfe erreichen und welche guten Taten wir vollbringen durften, kann ich nur beten: Danke, Herr, dass wir ein Teil davon sein konnten.

*Kristin*

## Die gute Tat für heute:

Nehmen Sie sich Zeit,
Gott für die guten Taten zu danken,
an denen Sie teilhaben durften,
und dafür, wie sie das Leben
anderer Menschen verändert haben.
Bitten Sie Gott darum,
dass er diese guten Taten vermehrt.

TAG 63

# Karten für Polizisten

Ein freundlicher Blick erfreut das Herz;
eine gute Nachricht stärkt die Gesundheit.

Sprüche 15,30

Als in einer kleinen Stadt in unserer Nähe ein Polizist im Dienst erschossen wurde, rüttelte das viele Menschen auf, denn er hinterließ vier kleine Kinder. Es war sinnlos und herzzerreißend und ich überlegte hin und her, wie ich helfen könnte.

Am folgenden Sonntag holte ich leere Blätter und Filzstifte heraus und führte mit den Kindern in meiner Sonntagsschulklasse ein altersgerechtes Gespräch darüber, was es bedeutet, Teil der Gesellschaft zu sein und diejenigen zu unterstützen, die ihr Leben riskieren um uns zu schützen.

Während wir uns über alle möglichen Arten unterhielten, wie man anderen die Liebe Christi zeigen kann, malten und schrieben wir Gebete für die Polizisten in der Polizeistation dieser Stadt auf. Kinder überraschen mich immer wieder damit, wie großzügig sie sind und wie gut sie verstehen, wie man bewusst Gutes tun kann. Ihnen dabei zuzuhören, wie sie sich darüber unterhielten, wie wir die Liebe Jesu für andere Menschen erfahrbar machen können, war faszinierend und herzerwärmend.

Als die Sonntagsschule vorbei war und ich die Worte und Segenswünsche las, die meine Klasse zu Papier gebracht hatte, bekam ich feuchte Augen. Die Bilder waren lustig und süß, und einige hatten mit dem Thema überhaupt nichts zu tun. Aber ihre Worte vermittelten genau die Botschaft, die ich gehofft hatte, ihnen in unserer Gesprächs- und Malstunde vermitteln zu können. Sie beteten für die Polizisten und ihre Familien, dankten ihnen und schrieben ihnen Segenswünsche. Ihre Worte drückten mehr aus, als ich zu hoffen gewagt hatte.

Ich sammelte die Blätter zusammen, fügte eine kurze Notiz hinzu, um zu erklären, dass die Karten von einer Sonntagsschulklasse waren, steckte sie in einen großen Umschlag, betete für den Brief und steckte ihn in den Briefkasten.

Die Menschen in unserer Gesellschaft, die anderen Leuten dienen – Polizisten, Krankenschwestern, Rettungssanitäter, Feuerwehrleute, Lehrer, Sozialarbeiter und die Liste geht noch weiter –, geben alles und brauchen oft eine Aufmunterung und ein paar gute Worte mitten in den schwierigen Situationen, in denen sie arbeiten müssen. Kennen Sie jemanden, der einen dieser Berufe ausübt und der etwas Ermutigung gebrauchen könnte?

*Julie*

## *Die gute Tat für heute:*

Formulieren Sie ein Fürbittengebet
für die Einsatzkräfte an Ihrem Heimatort
und schicken Sie es ihnen.

TAG 64

# Andere so lieben wie die eigene Familie

Den Einsamen
gibt er ein Zuhause …
Psalm 68,7

In meiner Kindheit luden meine Eltern immer gerne meine Freunde zu uns ein. Sie sorgten dafür, dass genug zu knabbern da war, und sie richteten im Keller sogar einen Raum ein, wo wir Fernsehen schauen und abhängen konnten. Ihnen war es wichtig, die Kinder, mit denen ich befreundet war, kennenzulernen, aber nicht aus reiner Höflichkeit. Meine Eltern mochten meine Freunde wirklich und hatten sie genauso gern wie ich.

Als ich ein Teenager war, machte mein Vater sich einen Sport daraus, die Tür zu öffnen, bevor meine Freunde klingeln konnten. Mit schon beinahe komisch anmutendem Schwung öffnete er dann die Tür, und hieß jeden, der draußen stand, herzlich willkommen, oft sogar mit einer herzlichen Umarmung. Ich beobachtete das Vorbild meines Vaters, der die Menschen liebte, die seine Kinder liebten. Meine Mutter unterstützte uns immer im Stillen, auch wenn sie nicht so überschwänglich war. Sie hatte stets ein offenes Ohr, wenn wir es brauchten und liebte meine Freundinnen als sei sie ihre zweite Mutter.

Heute, als Erwachsene, weiß ich die Freundlichkeit zu schätzen, die meine Eltern bewusst anhand ihrer Zeit und ihrer Aufmerksamkeit nicht nur in mein Leben, sondern auch in das meiner Freunde investierten.

Wir können alle unsere Häuser und unseren Freundeskreis für Menschen um uns herum öffnen, egal, ob wir Kinder haben oder nicht. Wenn wir aufmerksam sind, sehen wir jeden Tag auf der Arbeit, in der Schule oder in der Gemeinde Menschen, die einsam sind und Gemeinschaft brauchen.

In Psalm 68 heißt es, dass Gott den Einsamen ein Zuhause gibt, und sehr oft gebraucht er uns dazu. Deshalb sollten wir uns alle in regelmäßigen Abständen fragen: Wer aus meinem Umfeld braucht vielleicht Freunde, und wie kann ich mein Leben und mein Zuhause für denjenigen öffnen? Wer an meinem Wohnort braucht etwas Unterstützung und Fürsorge, und was kann ich tun, um sie weiterzugeben?

*Kendra*

## Die gute Tat für heute:

Halten Sie Ausschau nach jemandem aus Ihrem Umfeld, der vielleicht einsam ist oder Freunde braucht. Laden Sie diese Person zu sich nach Hause zum Essen ein oder auf eine Tasse Kaffee.

TAG 65

# Gutes tun hinter den Kulissen

Wer unter euch groß sein will,
der soll allen anderen dienen.
Alle, die sich selbst ehren,
werden gedemütigt werden.
Wer sich aber selbst erniedrigt,
wird geehrt werden.
Matthäus 23,11-12

Ich hatte mich freiwillig gemeldet, um bei einer fantastischen Frauenkonferenz am Büchertisch zu helfen und freute mich sehr, Teil von den großen Dingen sein zu können, die Gott tun würde.

Aber als ich sah, wie die anderen freiwilligen Helfer geschäftig herumliefen, während ich hinter dem Büchertisch saß, wünschte ich mir, ich könnte mehr tun. Aus heiterem Himmel kam eine fremde Frau mit einem Kind auf dem Arm auf mich zu.

„Ich brauche dringend jemanden, der dieses Baby hält“, sagte sie.

Ich zögerte nicht, und als ich meine Arme ausstreckte, erklärte mir die Frau, dass die Mutter des Kindes gleich für ein Theaterstück auf die Bühne musste, und jemand ihr Kind für die nächste Stunde betreuen musste.

Obwohl das Kind schon länger nichts mehr gegessen hatte, schlief es die ganze Zeit über friedlich in meinen Armen, und ich passte auf die Kleine auf, als sei sie mein eigenes Baby. Ihre Mutter holte sie wieder ab, als unser Büchertisch gerade von Menschen mit Fragen und Bitten umzingelt war, sodass wir einander noch nicht einmal kurz vorstellen konnten.

Auf dem Weg nach Hause war ich zunächst traurig, dass ich während der Konferenz keine wichtigere Rolle gehabt hatte, aber dann unterbrach ein kleiner Gedanke meine einseitige Unterhaltung mit Gott. Er sagte mir, dass es mein Beitrag auf dieser Konferenz gewesen war, dieses Baby zu halten, dort am Büchertisch an der Rückseite des Saales, damit eine andere Frau auf die Bühne gehen und ihn mit ihrer atemberaubenden Darbietung loben konnte.

Ich denke oft an diese Lektion zurück, wenn ich anfange mich zu fragen, ob mein kleiner Beitrag, meine kleine Freundlichkeit einen Ewigkeitswert hat. Es ist absolut wahr, dass Gott die Demütigen ehrt und diejenigen demütigt, die sich selbst ehren. Heute bitte ich Gott einfach darum, mich tagtäglich zu gebrauchen, und vertraue darauf, dass die Größe einer Tat nicht wichtig ist. Das, was Gott aus unserem Gehorsam macht, verändert die Welt.

*Julie*

## Die gute Tat für heute:

Überlegen Sie, wie Sie jemandem
mit einer Kleinigkeit dienen können,
und beten Sie dabei,
dass Gott etwas Großes daraus macht.

TAG 66

# Am Rand

Damit wollte ich euch zeigen, dass man hart arbeiten muss,
um auch noch den Armen etwas abgeben zu können.
Dabei sollen wir immer an die Worte denken,
die unser Herr Jesus selbst gesagt hat:
Geben macht glücklicher als Nehmen.
Apostelgeschichte 20,35

Ich stand hinter einem Tisch voller silberner Geschenktüten und unterhielt mich mit anderen Mitarbeitern, während wir die in das Gebäude strömenden Eltern begrüßten und zu den Feierlichkeiten dirigierten. In der Halle war der Abschlussball für Schüler mit Handicap in vollem Gange. Die Schüler tanzten und lachten während die Musik aus den Lautsprechern an der Decke dröhnte.

Die Eingangshalle war dagegen eine kühle, ruhige Oase. Mein Mann fragte mich später: „Hast du nicht das Gefühl gehabt, etwas zu verpassen, weil du nicht in der Halle warst? Du konntest doch gar nicht bei den Schülern sein."

Es stimmt, dass mein Umgang mit unseren Ehrengästen stark reduziert war. Aber ich stehe am liebsten am Rand und schaue von dort auf das Geschehen. Auf diese Weise konnte ich staunend sehen, wie die stundenlangen Vorbereitungen in einer Veranstaltung gipfelten, die Ihresgleichen hier in der Gegend suchte. Und ich hatte die Gelegenheit, mich mit den Eltern dieser tollen Schüler zu unterhalten, was für mich genauso lohnend war.

Das sind Menschen, die oft nicht viel Unterstützung bekommen. Sie erzählten mir mit Tränen in den Augen, dass sie nie gedacht hätten, dass ihre Kinder jemals dieses wichtige Teenager-Ritual erleben würden, und wie überwältigt sie waren, dass unsere Gemeinde eingesprungen war und alles bereitgestellt hatte – Kleider, Smokings, Limousinen, Essen, die Party – und alles kostenlos. Ihr Dank war für mich der Höhepunkt des Abends.

Ich musste immer wieder denken: Genau deshalb haben wir das gemacht. Deshalb habe ich meine Jugendfreundin eingespannt, um mit mir 93 Geschenktüten zu packen. Deshalb habe ich mit meiner Mutter stundenlang Tischdeko aus Lollis und Kaugummis gebastelt. Deshalb habe ich zahllose E-Mails verschickt und bin zu Besprechungen gegangen. Weil es am Ende all das wert war.

Was Sie heute tun ist wichtig, und das Gute, das sie jemand anderem tun ist es immer wert. Was auch immer wir machen, wir sollten alles zu Gottes Ehre tun, und dann können unsere Taten Wellen schlagen, die weit über das Hier und Jetzt hinausgehen.

*Kristin*

## *Die gute Tat für heute:*

Suchen Sie sich eine Aufgabe,
bei der Sie nicht im Mittelpunkt stehen,
wie zum Beispiel beim Versand der Spendenbriefe
für eine gemeinnützige Organisation helfen
oder für eine Veranstaltung die Deko übernehmen.

TAG 67

# Lieben Sie den Menschen, der vor Ihnen steht

Da sprach der Herr zu Mose:
„Ich werde für euch Brot vom Himmel regnen lassen.
Die Israeliten sollen jeden Tag vors Lager gehen und so viel davon auflesen, wie sie für den jeweiligen Tag brauchen."
2. Mose 16,4

Ich bin ein absoluter Fan der sozialen Netzwerke. Mit ihrer Hilfe kann ich ganz einfach die Verbindung zu Angehörigen und Freunden aufrechterhalten, die nicht in meiner Nähe wohnen, und so an ihrem Leben Anteil nehmen. Und mit ihrer Hilfe konnte ich die Verbindung zu alten Freunden wieder aufleben lassen, was mir ein besonderes Gefühl von Gemeinschaft gibt.

Aber die sozialen Netzwerke haben auch eine hässliche Seite. Rechthaberische Beiträge, unfreundliche Kommentare und Wortgeplänkel darüber, wer in allen Dingen recht hat, werden mir dort manchmal etwas zu viel. Manchmal weiß ich einfach nicht, was ich mit all den Informationen anfangen soll, die ständig auf mich zukommen.

Eines Morgens, als mir das alles wieder einmal zu viel war, schaltete ich alle Geräte aus und schlug die Bibel auf. Ich las, wie Gott den Israeliten zu essen gab und verlangte, dass sie nur das aufsammelten, was sie für den jeweiligen Tag brauchten. Außerdem sollten sie sich keine Sorgen um den nächsten Tag machen, sondern Gott vertrauen, dass er ihnen täglich geben würde, was sie nötig hatten.

Ich saß da und dachte an meinen Zeitplan, ließ alles andere außen vor und betete fragend: Was ist heute das Wichtigste, das ich tun soll? Ich hatte den Eindruck, die Antwort sei: Liebe die Menschen, die jetzt gerade vor dir stehen. Wenn es meine Kinder waren, die vor mir standen, dann sollte ich innehalten und ihnen Liebe zeigen. Mein Mann beim Abendessen – ich sollte ihn lieben. Die Kassiererin im Supermarkt – ich sollte sie lieben. Meine Kollegin morgens – ich sollte sie lieben. Mir ist klargeworden, wenn ich mir keine Sorgen um morgen mache, sondern mich einfach auf denjenigen konzentriere, der jetzt gerade vor mir steht, hilft mir das, daran zu denken, dass kleinere und einfachere Dinge oft besser sind.

Gott wird sein Brot vom Himmel regnen lassen, genau wie er es für die Israeliten getan hat, und wird mir genau das geben, was ich für heute brauche.

*Kendra*

## Die gute Tat für heute:

Denken Sie lieber an diejenigen, die direkt vor Ihnen stehen, anstatt sich von den Problemen dieser Welt überwältigt zu fühlen. Konzentrieren Sie sich darauf, diesen Menschen eine extra Portion Liebe und Freundlichkeit zu geben.

TAG 68

# Segnen Sie diejenigen, die Sie hassen

Bittet Gott um seinen Segen für alle,
die euch verfolgen, ja, segnet sie, anstatt sie zu verfluchen.
Römer 12,14

Ich hatte mich mit einer guten Freundin zum Kaffee verabredet, was wir leider viel zu selten tun, und unser Gespräch drehte sich um die endlose Gewalt in den Nachrichten der letzten Zeit. Als wir innehielten und über den Scheideweg nachdachten, an dem sich unsere Welt zu befinden scheint, erzählte mir meine Freundin etwas, das ein Bekannter von ihr kürzlich erlebt hatte.

Er stand verträumt in der Schlange an der Kasse und wartete geduldig, während die Dame vor ihm mit der Kassiererin diskutierte. Als ihre zweite Kreditkarte abgelehnt wurde, bemerkte sie den ausdruckslosen Blick und das leichte Lächeln des Mannes hinter sich und bezog es fälschlicherweise auf sich. Daraufhin griff sie ihn verbal an und beschimpfte ihn laut. Noch bevor er ihr erklären konnte, dass er gar nicht wegen ihr gelächelt hatte, stapfte sie wütend aus dem Laden.

Als der Mann zur Kassiererin kam, nachdem die Frau den Supermarkt verlassen hatte, sagte er ruhig, dass er gerne eine Tankkarte im Wert von 20 Dollar für diese Frau kaufen würde. Die Kassiererin fragte ihn geschockt, warum er das tun wolle, nachdem sie ihn so beschimpft hatte. Ein anderer Herr in der Schlange, der das Gespräch mitgehört hatte, kam dazu und fragte, ob er noch 20 Dollar dazugeben könne.

Die beiden Männer verließen den Supermarkt und gingen auf die Frau zu, als diese gerade in ihr Auto stieg, gaben ihr die Tankkarten und entschuldigten sich für das Missverständnis. Vor lauter Erleichterung brach sie in Tränen aus, entschuldigte sich aufrichtig für ihr Fehlverhalten und bat um Vergebung. Sie erklärte ihnen, dass sie gerade eine neue Stelle angetreten hatte, aber nicht genug Sprit im Tank hatte, um am nächsten Morgen dorthin zu kommen. Sie war gestresst und verzweifelt gewesen und hatte deshalb den Bekannten meiner Freundin so angefahren.

Die Worte meiner Freundin hingen noch in der Luft, und wir saßen beide einige Augenblicke schweigend da. Dieser Mann hatte gesegnet, angesichts wütender Worte, weil er den Kern der Sache gesehen hatte, nämlich einen verzweifelten Menschen, der in seinem Schmerz um sich schlug. Das ist schwer, aber überlegen Sie einmal, was passieren würde, wenn wir als Christen es uns zur Gewohnheit machen würden, auf verletzende Worte mit Segen zu reagieren. Wir könnten die Welt radikal verändern, wenn wir dieses Gebot konsequent befolgen würden.

*Julie*

## Die gute Tat für heute:

Das nächste Mal, wenn Sie die Wut von jemandem abbekommen, versuchen Sie, mit einem großzügigen Segen darauf zu reagieren.

TAG 69

# Was ich schon immer tun wollte

**Wer über die kleinen Anfänge enttäuscht war,
der wird sich noch von Herzen freuen,
wenn er den Schlussstein in Serubbabels Hand sieht!**

Sacharja 4,10

Wo ich wohne gibt es eine Gruppe, die nennt sich die Wunschlisten-Truppe, und sie versucht, unheilbar kranken Menschen ihre letzten Wünsche zu erfüllen. Sie erhalten die Anfragen direkt von den Betroffenen oder von ihren Angehörigen und geben sie dann an ihre Unterstützer weiter, um zu sehen, ob irgendjemand diesen Wunsch erfüllen kann.

Ich erfuhr vor einigen Jahren von dieser Gruppe und lies mich auf ihren E-Mail-Verteiler setzen. Vor kurzem hörten wir dann auf diese Weise von einer Frau, die nur noch wenige Monate zu leben hatte und sich sehr wünschte, mit ihrer Familie an einem See Urlaub machen zu können. Außerdem bat die Organisation um Gutscheine vom örtlichen Supermarkt und der Pizzeria.

Ich dachte, das wäre die perfekte Gelegenheit für unsere Familie, um zu helfen. Beim Abendessen sprachen wir gemeinsam darüber, was wir tun konnten und was wir gerne spenden würden. Dann beteten wir für die Frau und ihre Familie. Am nächsten Morgen bastelten meine Kinder Karten, und ich kaufte Gutscheine und stellte einen Scheck aus, um etwas zum letzten Urlaub dieser Frau mit ihrer Familie beizutragen. Später schickten wir alles mit einem Gebet und unserem Segen los.

Mir ist klar geworden, dass ich mich nicht um alle und jeden kümmern muss, um etwas in dieser Welt zu verändern. Als wir beschlossen, dieser Frau zu helfen, bedeutete das nicht, dass wir die gesamten Kosten tragen mussten. Mir wurde klar, dass das, was wir tun konnten, zusammenfloss mit dem, was andere gaben, und gemeinsam konnte es viel Gutes bewirken. Wir müssen nicht reich sein, um Gutes zu tun.

In der Bibel heißt es, dass wir uns nicht von den kleinen Anfängen entmutigen lassen sollen. Ein freundliches Wort, ein paar Dollar und ein einfaches Gebet sind oft genau das, was es in einer bestimmten Situation braucht. Übersehen Sie nicht die Gelegenheiten, wo Gott Sie gebrauchen möchte, um das Leben eines anderen Menschen zu verändern.

*Kendra*

## Die gute Tat für heute:

Überlegen Sie einmal, wie Sie einem fremden Menschen
auf einfache Art etwas Gutes tun können,
und wenn es nur ein Lächeln oder ein ermutigendes Wort ist.

TAG 70

# Der Gnade gehorsam

Wir alle haben aus der Fülle seines Reichtums
Gnade und immer neu Gnade empfangen.
Johannes 1,16

Vor ein paar Jahren blieb mein Mann einmal an einer Straßenecke stehen, um sich mit einem Obdachlosen zu unterhalten. Der Mann erzählte ihm, er sei ein Kriegsveteran aus dem Irakkrieg und habe bei den hiesigen Obdachlosenheimen keine Unterkunft bekommen. Nun müsse er sich eine Busfahrkarte in eine andere Stadt kaufen. Weil ihn die Geschichte berührte, gab mein Mann ihm Geld für diese Fahrkarte.

Auf dem Heimweg rief er unsere Freundin Carol an, die eines unserer Obdachlosenheime leitet und erzählte ihr diese Geschichte. Sie hielt inne und fragte ihn dann, wie der Mann ausgesehen habe. Als mein Mann ihr den Obdachlosen beschrieb, wusste Pastorin Carol sofort, von wem er sprach und dass die Geschichte, so rührend sie auch war, falsch war.

Tim war enttäuscht und es beschäftigte ihn sehr, dass er den Lügengeschichten des Mannes geglaubt hatte. Aber Carols Antwort beeindruckte ihn nachhaltig: „Du bist nicht für seine Reaktion oder seine Aufrichtigkeit verantwortlich. Du musst treu sein in dem, was Gott von dir will und darauf vertrauen, dass er sich um den Rest kümmert. Du darfst dein Geben nicht von anderer Leute Reaktion bestimmen lassen."

Letztlich ging es in der Lektion, die wir gelernt haben, nicht um den Mann und seine Lüge, sondern um uns. Obwohl wir immer versuchen, weise zu geben, ist unser eigentliches Ziel, zu geben und gleichzeitig loszulassen. Schließlich sind wir nur für unseren Gehorsam gegenüber Gottes Führung verantwortlich. Es ergibt keinen Sinn, sich hinterher Gedanken zu machen, ob jemand die Gabe auch verdient hat.

Anstatt irgendeine willkürliche Definition dafür zu erfinden, ob jemand wirklich hilfsbedürftig ist, sollten wir es Gott überlassen zu beurteilen, ob die Reaktion des anderen angemessen ist. Schließlich erinnert uns Johannes 1,16 daran, dass wir doch alle mehr bekommen haben als wir verdienen.

*Kristin*

## Die gute Tat für heute:

Üben Sie sich darin zu geben,
ohne zu urteilen, indem Sie jemandem,
dessen Umstände Sie nicht kennen,
etwas Gutes tun. Sie könnten zum Beispiel
dem nächsten Bettler, dem Sie begegnen
ein Brötchen und einen Kaffee spendieren.

TAG 71

# Wenig Zeit

Euer Leben gleicht doch dem Nebel am Morgen - schon nach kurzer Zeit ist er wieder verschwunden.

Jakobus 4,14

Als Sozialarbeiterin in einem Hospiz verbringe ich viel Zeit mit Menschen, die unheilbar krank sind, und mit ihren Familien. Bei Menschen zu sein, die auf das Ende ihres Lebens zugehen, und zuzusehen, wie sie auf ihr Leben zurückschauen, Zeit mit ihren Liebsten verbringen, Dinge in Ordnung bringen und die kleinen Ärgernisse des Lebens loswerden, um Platz zu machen für das, was wirklich zählt, ist einer der lohnendsten Berufe, die ich je hatte. Diese Menschen schaffen Raum für Dinge wie eine herzliche Umarmung, ein sanftes Lächeln, ein Kichern, Händchenhalten, Geschichten erzählen, in Erinnerungen schwelgen und einfach nur zuhören. Das erinnert mich immer daran, dass unsere Zeit kostbar ist.

Als wir vor kurzem im äußersten Westen der USA im Urlaub waren, besuchten wir dort meine Tante und meinen Onkel. Als begeisterter Naturmensch erzählte mein Onkel mir alles über die Gegend, führte uns zu seinen Lieblingsstellen am Meer und berichtete uns von vielen anderen Stellen, zu denen man unbedingt fahren sollte.

Aber unsere gemeinsame Zeit wurde noch kostbarer für mich, als ich sah, wie mein Onkel langsam den Wanderweg entlangging und dabei gebrechlicher wirkte als ich ihn von früheren Besuchen in Erinnerung hatte. Denn der Krebs fing an, seinen Körper und seine Gesundheit anzugreifen. Ich hörte bei den Geschichten, die er erzählte genauer zu, vor allem bei den Geschichten über seine Eltern und seine Jugend. Ich wollte die Gedanken, die er formulierte, nicht verpassen, weil ich wusste, dass ich nicht mehr endlos viel Zeit mit ihm hatte.

Auf dem Heimweg schrieb ich meiner Mutter eine Nachricht und sie fragte, ob sie mit meinem Vater vielleicht auch hinfahren sollte. Als ich über meine Antwort nachdachte, wurde mir etwas deutlich, was auf uns alle zutrifft: Wir wissen nie, wie viel Zeit wir noch mit den Menschen haben, die wir lieben. Wir werden es nie bereuen, Zeit mit unseren Liebsten verbracht zu haben, aber die Zeit, die wir verpasst haben, werden wir ganz sicher bedauern.

Es ist wichtig, dass wir nicht damit warten, mit unseren Liebsten zu reden und ihnen etwas Gutes zu tun, wodurch wir sie daran erinnern, wie sehr sie von uns geliebt sind. Weil wir wissen, dass unser Leben wie der Morgennebel ist, der schon nach kurzer Zeit wieder verschwunden ist, sollte uns das noch mehr ermutigen, die Menschen, die wir lieben, wertzuschätzen und heute Zeit mit ihnen zu verbringen.

*Kendra*

## Die gute Tat für heute:

Rufen Sie jemanden an, den Sie lieben,
schreiben Sie demjenigen oder besuchen Sie ihn.

TAG 72

# Eine liebevolle Einladung

Denn ich war hungrig, und ihr habt mir zu essen gegeben.
Ich war durstig, und ihr gabt mir zu trinken.
Ich war ein Fremder, und ihr habt mich
in euer Haus eingeladen.

Matthäus 25,35

Als Kind war ich sehr still und zurückhaltend. Es fiel mir schwer, Freunde zu finden, und ich war oft am glücklichsten, wenn ich erst einmal am Rand der Gruppe zuschauen konnte. Im Berufsleben habe ich zwar gelernt, extrovertierter und kontaktfreudiger zu sein, aber in meinem Privatleben fühle ich mich oft noch etwas unwohl, wenn ich neue Menschen kennenlerne.

Mein Mann ist dagegen ein wirklich extrovertierter Mensch. Bei Aaron gibt es keinen Unterschied zwischen dem Menschen, der er im Beruf ist, und dem, der er privat ist, vor allem in Bezug auf neue Bekanntschaften. Ich habe viele Geschichten aus seiner Kindheit darüber gehört, wie unerschrocken er auf neue Menschen zugegangen ist. Und bei diesen Geschichten mussten ich und alle Anwesenden lachen, weil uns klar wurde, dass dieses warmherzige, schelmische Aufblitzen in seinen Augen schon immer da gewesen war und er eindeutig ein offenherziger, altkluger kleiner Junge gewesen war.

Wenn in den letzten Jahren in unserer Nachbarschaft Häuser verkauft wurden und neue Leute eingezogen sind, hat Aaron immer die Rolle des offiziellen Begrüßers der Familie Fisk übernommen, obwohl das entsprechend der amerikanischen Sitte eigentlich meine Aufgabe gewesen wäre. Jedes Mal, wenn jemand neu eingezogen ist, steht er kurz darauf in der Küche und rührt Brownie-Teig und schlendert dann mit den noch warmen Brownies über die Straße, um die neuen Nachbarn zu begrüßen. Er ist dann ungefähr eine Viertelstunde weg und kommt mit Namen, Familiengeschichten und allen möglichen Details über die Zugezogenen wieder zurück.

Die Brownies meines Mannes und seine Begrüßung der neuen Nachbarn bereitet immer den Weg für eine Einladung der neuen Familie zu uns nach Hause und in unser Leben. Weil durch ihn das Eis schon gebrochen ist, fällt es mir dann leichter, da weiterzumachen, wo er aufgehört hat.

Egal, ob es uns leicht- oder schwerfällt, den ersten Schritt zu tun, wir sollten vor allem fremden Menschen unsere Gastfreundschaft erweisen, indem wir ihnen zu essen geben und sie in unsere Häuser und unser Leben einladen. Dieser erste Schritt, einen Fremden zu einem Bekannten zu machen – der dann eines Tages vielleicht ein Freund wird –, ist oft der schwerste, und doch ist es genau das, wozu uns die Bibel auffordert.

*Julie*

## Die gute Tat für heute:

Überlegen Sie sich ein eigenes Ritual,
mit dem Sie neue Nachbarn begrüßen können.

TAG 73

# Das Segens-Budget

Liebe Brüder und Schwestern!
Welchen Wert hat es, wenn jemand behauptet,
an Christus zu glauben, aber an seinen Taten
ist das nicht zu erkennen?

Jakobus 2,14

Vor einigen Jahren haben mein Mann und ich einen Kurs über den Umgang mit Geld gemacht und haben unsere Finanzen in Ordnung gebracht. Für mich war es ein gutes Gefühl zu wissen, wo unser Geld jeden Monat hinging, wie viel wir abbezahlten und was wir uns leisten konnten. Eine Sache, die uns in unserer Ehe von Anfang an wichtig gewesen war, ist mit unserem Geld großzügig zu sein. Mit diesem Gedanken im Hinterkopf brachte mein Mann die Idee eines besonderen Segens-Budgets auf.

Praktisch gesehen ist es eine Art Tilgungsfonds, in den wir jeden Monat etwas einzahlen. Das Geld sammelt sich mit der Zeit an, sodass wir jederzeit bereit sind, wenn sich eine Gelegenheit ergibt, einem Menschen in Not zu helfen. Es ist etwas anderes als zum Beispiel unser Zehnter und ist ausdrücklich dazu da, andere zu segnen.

Natürlich kann man anderen Menschen auch helfen, ohne Geld auszugeben. Aber uns gibt unser Segens-Budget die Freiheit, dort zu helfen, wo Nöte auftauchen, ohne darüber nachdenken zu müssen, ob wir uns das leisten können. Unseren Glauben zu leben bedeutet für uns, dass wir ihn durch unser Handeln zeigen wollen, und das heißt manchmal auch, materielle Hilfe anbieten zu können. Und ehrlich gesagt macht es Freude.

Ich führe eine Liste über das, was wir anderen Leuten geben, und hin und wieder schauen wir sie uns an. Dabei sind wir jedes Mal erstaunt, wie Gott das wenige Geld gebrauchen konnte, und dass es immer mehr bewirkt, als wir gedacht hätten.

Durch dieses Budget konnten wir Haushaltsgeräte für Menschen kaufen, die sie brauchten, Flugtickets für Menschen, die ihre Familie schon viel zu lange nicht mehr gesehen hatten. Wir haben Autoreparaturen und Arztrechnungen bezahlt, Babyausstattungen und Nahrungsmittel für Obdachlose gekauft, Mieten, Stromrechnungen und anderes bezahlt.

*Kristin*

## *Die gute Tat für heute:*

Machen Sie sich einen Plan,
um Ihr eigenes Segens-Budget aufzustellen.
Fangen Sie an, Geld beiseitezulegen,
auch kleine Beträge, damit Sie
in Not geratenen Menschen helfen können.

TAG 74

# Das Geschenk der Ablenkung

Solange uns noch Zeit bleibt,
wollen wir allen Menschen Gutes tun, vor allem aber denen,
die mit uns an Jesus Christus glauben.

Galater 6,10

Wenn man einen geliebten Menschen verloren hat, bleibt der Verlust auch noch lange, nachdem man wieder zu seinem eigenen geschäftigen Leben zurückgekehrt ist, bestehen, und man wartet darauf, dass der Schmerz nachlässt.

Die Trauer ist eine verrückte, unvorhersehbare Sache, die auch noch mehr als ein Jahrzehnt, nachdem ich meine beste Freundin Katrina im zarten Alter von 28 Jahren durch Krebs verloren habe, immer einmal wieder auftaucht und mich ein paar Tränen vergießen lässt. Obwohl sie nur ein halbes Jahr älter war als ich, war sie schon damals selbstsicherer und aufgeräumter als ich es heute bin, ein ganzes Jahrzehnt später. Ich liebe sie und vermisse sie mit unerträglicher Intensität in den unvorhersehbarsten Momenten.

Obwohl ich diese Trauer selbst durchlebt habe, fällt es mir immer noch schwer, mitfühlende Worte für andere zu finden, die einen geliebten Menschen verloren haben. Nichts scheint wirklich passend zu sein. Ich habe mir oft gewünscht, ich könnte mehr beisteuern als eine Mahlzeit oder ein Andenken fürs Regal. Kürzlich habe ich etwas Besseres gefunden – zumindest für eine Person.

Vor ein paar Monaten hat meine Cousine ganz plötzlich und unerwartet ihren Mann durch einen schweren Herzinfarkt verloren. Als ihre Kinder und Enkel sich um sie versammelten, musste ich unwillkürlich an die einsamen Nächte denken, die sie nach der Beerdigung erleben würde – wenn ihre Freunde und Angehörigen wieder ihr normales Leben lebten.

Ich fragte Gott im Gebet, wie wir ihr als Familie unsere Liebe andauernd, statt nur vorübergehend zeigen konnten, sodass sie an einsamen Abenden abgelenkt wäre. Ich wollte sie so gerne an die große Liebe Christi mitten in tiefer Trauer erinnern.

Dann fiel mir plötzlich etwas ein. Meine Cousine näht gerne Quilts, und wie konnte ich sie besser von ihren traurigen Gedanken ablenken, als sie mit neuen Ideen für ihr Hobby zu inspirieren? Ich recherchierte nach den schönsten Handarbeitsheften und bestellte dann eines der Hefte als Geschenk-Abo. Anschließend schrieb ich ihr eine Karte und schickte ihr mein Lieblings-Andachtsbuch für schwere Zeiten. Dieses Geschenk kann zwar den schmerzlichen Verlust nicht heilen, aber ich vertraue darauf, dass Gott es gebraucht, um ihr an schweren Abenden Gesellschaft zu leisten.

*Julie*

## Die gute Tat für heute:

Überlegen Sie einmal, wer gerade eine schwere Zeit durchmacht. Schenken Sie dieser Person ein wenig Ablenkung mit einer Kinokarte, einem Wellness-Gutschein oder einem Geschenk-Abo für eine Zeitschrift.

TAG 75

# Der Traum des anderen

Ein Mann soll seine Frau so lieben wie sich selbst.
Und die Frau soll ihren Mann achten.

Epheser 5,33

„Was sind die wichtigsten Dinge, die ihr in eurer Ehe gelernt habt?" Diese Frage wurde Tim und mir von einem jungen Paar gestellt, das einen Monat später heiraten wollte.

Ich kann mich nicht mehr erinnern, was ich genau gesagt habe, aber im Kern war es: Es ist wichtig, ehrlich, authentisch und vor allem gütig zu sein. Güte verlangt, dass wir den anderen als geliebt und nach Gottes Ebenbild erschaffen sehen, trotz seiner Fehler. Güte ist im Zweifel für den Angeklagten. Und in der Ehe bedeutet Güte manchmal, den Traum des Partners zu unterstützen, auch wenn es nicht der eigene Traum ist.

Vor einigen Jahren beschloss ich, mein Ziel, einen Master-Abschluss zu machen, umzusetzen. Ehrlich gesagt hatte ich einen schrecklichen Zeitpunkt ausgewählt, um an der Uni Kurse zu belegen. Aber statt meine Entscheidung, meinen Job aufzugeben, zu bedauern oder sie anzuzweifeln, weil ich mit den Kursen gerade dann anfing, als wir ein Baby bekommen wollten, oder mich zu fragen, was ich mit dem Abschluss denn eigentlich machen wollte, stimmte mein Mann meinem Entschluss zu. Obwohl ich letztlich fünf Jahre für diesen Abschluss brauchte – weil ich zwischendurch pausierte, um zwei Kinder zu bekommen – und oft lange auf war, um Referate zu schreiben und über seltsame Themen sprach, wie die männliche Hysterie in Richard Marshs Roman *The Beetle*, unterstützte mich Tim. Und er war stolz auf mich.

An meinem Hochzeitstag war es leicht, der ganzen Welt zu verkünden, dass ich meinen Mann immer lieben und ehren würde. Aber damals wusste ich nicht, was ich heute weiß und was unsere jungen Freunde mit der Zeit selbst herausfinden werden, nämlich wie herausfordernd es ist, jemanden wirklich zu lieben. Der Epheserbrief ermahnt uns, unseren Ehepartner genauso zu lieben wie uns selbst.

*Kristin*

## Die gute Tat für heute:

Setzen Sie alles daran,
den Traum Ihres Partners zu unterstützen.
Wenn Sie nicht verheiratet sind, dann unterstützen Sie
einen Freund, eine Freundin oder einenKollegen,
eine Kollegin bei der Verwirklichung eines Traumes.

TAG 76

# Wenn das Geben schwerfällt

Und vergesst nicht,
Gutes zu tun und mit anderen zu teilen.
An solchen Opfern hat Gott Freude.

Hebräer 13,16

„Ich will mein Spielzeug nicht hergeben, Mama."

Das sagte meine Tochter, als sie der Tatsache ins Auge sehen musste, ein Spielzeug loszulassen, das sie für ein anderes Kind ausgesucht hatte. Ich beugte mich zu ihr hinunter und schaute in ihre traurigen Augen. Wir hatten darüber gesprochen, dass wir Spielzeug aussuchen wollten für Kinder, die sonst gar nichts zum Geburtstag bekommen würden. Den ganzen Weg zum Laden und als wir an den Regalen entlanggingen hatte sie sich über diese Aufgabe gefreut. Sie hatte sich genau überlegt, was für ein Spielzeug sie spenden wollte. Alles war gut gegangen, bis wir bei der Spendenstation angelangt waren, wo sie dieses Spielzeug in die bereitgestellte Kiste legen und dann wieder gehen sollte.

Manchmal fällt Geben leicht und manchmal nicht. Manchmal weiß ich genau, dass es gut ist zu geben, und trotzdem fällt es mir schwer, großzügig zu sein. Manchmal freue ich mich darauf zu geben, bis es dann tatsächlich soweit ist. Dann zögere ich.

Ich sagte zu meiner Tochter, dass ich ihr Zögern verstehen konnte und erinnerte sie daran, warum wir das Spielzeug abgaben. Auf diese Weise würden wir anderen Menschen etwas Gutes tun. Außerdem erinnerte ich sie daran, wie sehr sich das Kind freuen würde, das dieses Geschenk bekommen würde. Und ich erklärte ihr, dass der schwerste Moment derjenige ist, in dem wir unsere Spende aus der Hand geben, aber dass man sich anschließend gut fühlt.

Nachdem wir das alles besprochen hatten, nickte sie entschlossen und ging hinüber zu der Spendenkiste, wo sie ihr Spielzeug zu den anderen legte. Sie drehte sich um und grinste, als wir zur Tür hinausgingen, während sie laut überlegte, wer wohl ihr Geschenk bekommen würde.

Es mag nicht immer leicht sein, etwas abzugeben, aber wenn wir uns daran erinnern, was für ein Segen darin liegt, Gutes zu tun und mit denen zu teilen, die in Not sind, kann uns das helfen, die Dinge loszulassen, die wir für uns behalten wollen. Diese Taten gefallen Gott. Es ist nicht immer leicht, großzügig zu sein, aber meine Tochter und ich lernen dabei, dass es sich gut anfühlt, wenn wir es tun.

*Kendra*

## *Die gute Tat für heute:*

Suchen Sie etwas aus Ihrem Hausstand aus,
das Sie verschenken möchten.

TAG 77

# Insel-Zeit

Seid vielmehr freundlich und barmherzig
und vergebt einander, so wie Gott euch
durch Jesus Christus vergeben hat.

Epheser 4,32

Wir warteten und währenddessen hörten wir im abnehmenden Tageslicht, wie die Abendstille nur vom Klang der Pferdehufe auf der verlassenen Straße auf Mackinac Island unterbrochen wurde. Ich zitterte, zog meine Jacke enger um mich und drückte meine sieben Monate alte Tochter an mich. Es war schon fast 21:00 Uhr, und mein erschöpftes Baby strampelte in meinen Armen, während meine Zweijährige den Pier entlanghüpfte.

Auf der Insel waren keine Autos erlaubt, und Pferde und Fahrräder waren die hauptsächlichen Transportmittel. Wo blieb also unser Pferdekutschen-Taxi? Entnervt zählte ich die Minuten, bis der Wagen schließlich kam. Eigentlich war es total bezaubernd, aber als wir uns mit zwei weiteren Familien in den Wagen hineinquetschten, hatte ich für die ganze Romantik nichts mehr übrig.

Wir hatten das nicht gut geplant – und auch nicht gut gepackt, denn wir hatten nicht wirklich überlegt, was es bedeutet, dass wir alles, was wir mit ins Hotel nehmen wollten, tragen mussten. Im Auto hatte das Gepäck mit dem Spielzeug und dem tragbaren Kinderbett angemessen gewirkt. Aber als es dort am Pier aufeinandergestapelt stand, wirkte es völlig absurd. Es war mir peinlich, dass unser Gepäck schon fast grotesk wirkte, dass unsere Kinder schlecht gelaunt waren und sich wie Rowdies benahmen und dass andere Leute das alles mitbekamen.

Ich wollte einfach nur noch nach Hause, denn ich nahm an, dass die anderen Reisenden von uns genervt sein würden, aber stattdessen begegnete mir überall nur Freundlichkeit. Als Elise ihren Teddy nach dem Mann warf, der uns gegenübersaß, lächelte er nur gutgelaunt und spielte den Rest der Fahrt „Wo ist der Teddy" mit ihr. Sie quietschte vergnügt und lachte jedes Mal lauthals auf, wenn er ihr den Teddy zurückwarf. Die anderen Reisenden lächelten nachsichtig, und ich entspannte mich ein wenig. Als wir an unserem Hotel ankamen und ausstiegen, nickte ich meinen Reisegefährten dankbar zu. Sie hatten sich alle Mühe gegeben, um die angespannten Nerven einer Fremden zu beruhigen.

Als Christen sollen wir anderen Menschen gegenüber freundlich, mitfühlend und vergebungsbereit sein. Manchmal bedeutet das, dass wir etwas für jemanden tun sollen. Aber oft müssen wir auch einfach nur Mitgefühl haben mit denen, die es schwer haben. Die Fremden in dem Pferdetaxi erinnerten mich daran, dass ein wenig Mitgefühl oft sehr viel bewirken kann.

*Kristin*

## Die gute Tat für heute:

Seien Sie besonders freundlich
zu einer Mutter oder einem Vater,
die mit einem widerspenstigen Kind kämpfen,
egal ob im Flugzeug oder im Supermarkt.

TAG 78

# Keine Toiletten? Kein Problem

Vergesst nicht, Fremden Gastfreundschaft zu erweisen, denn auf diese Weise haben einige Engel beherbergt, ohne es zu merken!

Hebräer 13,2

Aaron und ich wohnen in der Nähe eines großen Parks, in dem jedes Jahr an einem Freitag im Juni ein Open-Air-Konzert stattfindet, zu dem jedes Mal Tausende von Menschen kommen. Unser Haus befindet sich nahe genug am Park, sodass wir in unserem Garten im Schatten Stühle aufstellen können, um dort die Musik zu genießen, ohne die Menschenmassen und die gnadenlose Hitze ertragen zu müssen. Einmal hatten wir die Idee, zu diesem Konzert ein paar Freunde und Nachbarn in unseren Garten einzuladen. Sie mussten nur ihre Stühle mitbringen.

Diese Idee hatten wir jedoch zu einem Zeitpunkt, zu dem wir noch Toiletten hatten. In den Wochen darauf unternahmen wir ein, wie ich annahm, kleines Renovierungsprojekt und ließen zwei von unseren drei Badezimmern renovieren. Das Haus war daraufhin ein einziges Chaos, und wir verfügten in der Woche des Konzerts nur über eine funktionierende Toilette. Eigentlich hatte dieses Renovierungsprojekt unserer Party nicht in die Quere kommen sollen, aber das Leben ist nicht immer vorhersehbar.

Als Aaron dabei war, die Fackeln im Garten zu platzieren, ging ich hinaus, um noch einmal über unsere Partypläne nachzudenken. „Schatz, ich habe es mir noch einmal überlegt mit dieser Party", fing ich an.

Er sah mich mit einem leichten Grinsen an. „Werde jetzt ja nicht introvertiert!"

Als ich ihn daran erinnerte, dass wir nur noch eine funktionierende Toilette hatten, in einem Haus, das aussah als hätte man es komplett auf den Kopf gestellt, meinte er nur sanft: „Ich glaube, wir sollten es trotzdem machen."

Und er hatte recht. Das Leben ist unberechenbar. Es wird niemals den perfekten Zeitpunkt geben, um andere in unser Haus und unser Leben einzuladen. Warten wir aber diesbezüglich auf den richtigen Zeitpunkt, werden wir ewig warten und dabei wertvolle Gelegenheiten verpassen, andere Menschen zu lieben. Wenn wir Gastfreundschaft praktizieren, indem wir unser Leben und unser Zuhause für die Menschen um uns herum öffnen, einschließlich derer, die nicht zu unserem normalen Freundeskreis gehören, ermöglichen wir Gott, dass er in unserer Mitte wirkt. Und in Hebräer 13,2 heißt es, dass wir, ohne es zu wissen, vielleicht sogar Engel beherbergen.

*Julie*

## Die gute Tat für heute:

Welche Einladung haben Sie vor sich hergeschoben, weil Sie auf den „perfekten" Moment gewartet haben? Denken Sie im Gebet noch einmal über Ihren Zeitplan im Vergleich zu Gottes Zeitplan nach und laden Sie trotzdem neue Menschen zu sich ein.

TAG 79

# Sind sie es wert?

Alles, was ihr sagt, und alles, was ihr tut,
soll im Namen von Jesus, dem Herrn, geschehen,
und dankt dabei Gott, dem Vater, durch ihn.

Kolosser 3,17

„Hast du keine Angst, dass sie deine Spenden unangemessen verwenden?“, fragte mich eine Bekannte, als ich ihr von den Dingen erzählte, die wir als Familie für andere tun. Diese Frage habe ich schon öfter gehört, wenn ich erzählt habe, wo und wie wir anderen Menschen helfen.

Gutes zu tun kann manchmal als Schwäche oder Naivität ausgelegt werden, denn Güte wird selten mit Kraft oder Stärke in Verbindung gebracht. Aber die Bibel ist voller Verse, die uns ermahnen, für die Armen zu sorgen, für diejenigen, die keine Stimme haben und sich in Not befinden. Das rufen wir uns immer wieder ins Gedächtnis, wenn wir weiterhin unsere guten Taten planen.

Meine Verantwortung besteht darin, auf das zu hören, was ich glaube, dass Gott von mir will, und es dann ihm zu überlassen, wie der andere mit dieser Gabe umgeht. Ist es unsere Aufgabe, Organisationen oder die Echtheit von Notfällen zu überprüfen, bevor wir für sie spenden? Auf jeden Fall. Aber es liegt in Gottes Verantwortung, meine Gabe so einzusetzen, wie er es für richtig hält.

Wenn ich meinen Teil mit reinem Herzen erfüllt habe, dann brauche ich mir keine Sorgen darum zu machen, ob die Person, die meine Spende bekommen hat, es auch wert war. An diesem

Punkt kommt mein Glaube ins Spiel, und ich glaube, dass Gott das, was ich gebe oder tue, wie wenig es auch sein mag, zu seiner Ehre gebraucht. Denn wenn wir ehrlich sind, ist unsere Güte anderen gegenüber nur unsere Antwort auf Gottes Güte uns gegenüber und auf sein Gebot, alles in Jesu Namen zu tun. Wenn ich daran denke, dass er letztlich der Grund ist, weshalb ich anderen Gutes tue, muss ich nicht immer wissen, was mit meiner Gabe letztendlich passiert.

Ja, es mag Fälle geben, wo andere Menschen ihnen zugedachte Spenden falsch oder verschwenderisch einsetzen. Wenn ich davon erfahre, denke ich an Gottes Güte und Gnade, die er mir jeden Tag neu schenkt. Wie oft verschwende ich die Gaben, die Gott mir so großzügig gibt? Ich werde mich nicht von dem schlechten Handeln einiger weniger Menschen davon abhalten lassen, anderen Gutes zu tun.

*Kendra*

## Die gute Tat für heute:

Gibt es in Ihrem Leben jemanden,
dem Sie nichts Gutes tun möchten – vielleicht weil Sie
mit dem Handeln dieser Person nicht einverstanden sind?
Bemühen Sie sich, gerade dieser Person gütig zu begegnen.

TAG 80

# Chaotische Güte

Und vergesst nicht,
Gutes zu tun und mit anderen zu teilen.
An solchen Opfern hat Gott Freude.
Hebräer 13,16

Ich schielte auf die Anweisungen auf meinem Handy, während ich immer weiter aufs Land hinausfuhr. Als ich an meinem Ziel ankam, sah ich, wie ein Garagentor sich öffnete und in der Garage Berge von Müllsäcken lagen. Als ich aus dem Auto stieg, öffnete meine Freundin Jen die Haustür und führte mich in den Keller, in dem es aussah wie in einer Folge der Serie *Das Messie-Team.* Alle Kellerräume waren bis obenhin voll mit Kleidern. Manche lagen sorgfältig zusammengelegt auf einem Tisch, andere durcheinander auf dem Boden mit Schildern obenauf, auf denen die Größen standen.

„Wir haben viel geschafft gestern", sagte sie und sah sich in dem Chaos optimistisch um. „Es sieht jetzt schon viel besser aus."

Jen leitet unsere sogenannte Diva Boutique, in der alleinerziehende Mütter gratis einkaufen können. Sie hat viele Monate damit verbracht, für diese Boutique Kleidung zu sammeln, und an diesem Tag sortierte sie die Sachen bei sich zu Hause, bevor sie zum Veranstaltungsort gebracht wurden. In jenem Jahr hatten wir ungefähr 7.000 Artikel gespendet bekommen.

Jedes Stück musste genau geprüft und einiges aussortiert werden. Die anderen Sachen kamen auf Kleiderbügel oder wurden ordentlich zusammengelegt und kamen zum Weitertransport in Müllsäcke. In zwei Wochen würden dann die ehrenamtlichen

Helfer die Sachen in ein von uns gebuchtes Freizeitheim fahren und dort einen Konferenzsaal in eine wunderbare Boutique voller Kleidungsstücke und Accessoires verwandeln.

Als ich an jenem Tag nach einigen Stunden Arbeit wieder nach Hause fuhr, musste ich darüber nachdenken, dass Gutes zu tun oft wenig Aufsehen erregend ist. Manchmal ist es eher chaotisch, man muss seine persönliche Freizeit dafür opfern, und es kann stundenlange Arbeit mit anschließenden Kreuzschmerzen bedeuten. Aber diese guten Dinge, die hinter den Kulissen geschehen, können unendlich wichtig sein. Dabei bleiben sie ungesehen und oft ungedankt, und man kann sich nicht im Rampenlicht aalen, sondern bekommt nur das herzliche Dankeschön der Frauen, die nie erfahren werden, wie viele Stunden man beim Kleidersortieren an sie gedacht und für sie gebetet hat.

Gutes tun und mit denen teilen, die in Not sind, ist oft ein Opfer – und diese Opfer gefallen Gott.

*Kristin*

## Die gute Tat für heute:

Entscheiden Sie sich, etwas zu tun,
das Sie in irgendeiner Weise etwas kostet –
ohne Aussicht auf eine Belohnung
oder auch nur ein Dankeschön.

BIETEN SIE IHREN NACHBARN, DIE MAL EINEN

*freien Abend*

ODER EIN FREIES WOCHENENDE BRAUCHEN, AN, AUF IHRE KINDER ODER IHRE HAUSTIERE AUFZUPASSEN.

Spielen Sie

MIT DEN MENSCHEN
IM ALTERSHEIM
MENSCH-ÄRGERE-DICH-NICHT
ODER UNTERNEHMEN
SIE ETWAS ANDERES
MIT IHNEN.

TAG 81

# Die gelbe Bluse

Dann nahm Jesus die fünf Gerstenbrote,
dankte Gott dafür und ließ sie an die Menschen austeilen.
Ebenso machte er es mit den Fischen.
Jeder bekam so viel, wie er wollte.

Johannes 6,11

Vor einigen Jahren nahm ich an einer Frauenkonferenz teil, bei der die Organisatoren von einer bevorstehenden Freizeit für alleinerziehende Mütter berichteten, die sie im folgenden Monat veranstalten wollten. Sie fragten, ob wir bereit wären, neue Kleidungsstücke dafür zu spenden, und erklärten uns, dass alleinerziehende Mütter oft so sehr damit beschäftigt seien, sich um ihre Kinder zu kümmern, dass sie selbst immer zu kurz kämen. Diese Freizeit sollte die Frauen nicht nur ermutigen, sondern sie sollten auch einige ganz praktische Dinge für ihren Alltag bekommen, wie zum Beispiel neue Kleider.

Als ich dasaß und zuhörte, sprach mich ihr Aufruf zu Kleiderspenden sehr an. Ich dachte sofort an die neue Bluse, die ich mir gerade gekauft hatte, und hatte den Eindruck, ich solle sie spenden. Ich verdrängte den Gedanken gleich wieder, weil ich dachte, das sei viel zu wenig. Doch sofort hatte ich den Eindruck, Gott frage mich: Kannst du mir in den kleinen Dingen gehorsam sein?

In diesem Augenblick wusste ich, dass ich die Bluse weggeben sollte, und als ich am nächsten Morgen zum zweiten Tag der Konferenz kam, tat ich es.

Wissen Sie, was das Komische an der Bluse war, die ich verschenkte? An dieser Kleinigkeit? Weil sie gelb war, eine Farbe, die ich normalerweise nicht trage, ging sie mir immer wieder durch den Kopf. Den ganzen Sommer über dachte ich jedes Mal, wenn ich spazieren ging, an diese Bluse und betete für die Mutter, die sie bekommen hatte.

Gott kann auch mit den kleinsten Dingen einer Not begegnen. Ihn interessieren nicht nur unsere Taten, sondern auch die Motive in unserem Herzen. Genau wie der Junge, der aus Gehorsam Jesus sein Vesper gab, nicht wissen konnte, dass davon 5.000 Menschen satt werden würden, wissen auch wir nie, wie Gott unsere kleinen Liebesdienste jeden Tag multipliziert.

*Kendra*

## Die gute Tat für heute:

Wenn Sie versucht sind, eine gute Tat
als zu gering oder unbedeutend abzutun,
bitten Sie Gott darum, diese zu gebrauchen,
und dann tun Sie sie trotzdem.

TAG 82

# Die zweite Mutter

Öffne dem Hungrigen dein Herz und hilf dem,
der in Not ist. Dann wird dein Licht in der Dunkelheit
aufleuchten und das, was dein Leben dunkel macht,
wird hell wie der Mittag sein.

Jesaja 58,10

Die Musiklehrerin an der Schule meiner Tochter ist quasi die Mutter der Schule. Unsere ausländischen Lehrer nennen sie ihre amerikanische Mama. Sie ist oft die erste auf diesem Kontinent, die von einer Verlobung oder einer Schwangerschaft erfährt, weil unsere jungen Lehrer sich nach einer Mutterfigur auf dieser Seite des Ozeans sehnen.

Sie kennt nicht nur alle Namen ihrer eigenen Schüler, sondern auch von deren Geschwistern und deren Eltern. Wenn es morgens kalt ist, steht sie bei den Schülern draußen und leistet ihnen Gesellschaft, während sie auf den Schulgong warten und dass die Tür aufgeht.

Sie ist immer in Aktion und ständig damit beschäftigt, Nöten zu begegnen und die Eltern der Schüler für wichtige Dinge zu aktivieren. Ihr Haus, das nur eine Straße von der Schule entfernt liegt, ist am Nachmittag und an den Wochenenden voller Eltern mit Kindern, die zum Klavierunterricht kommen, und ihr Flur ist immer voller gespendeter Lebensmittel, Winterstiefel und Winterjacken, weil die Spender wissen, dass sie sie an Bedürftige weitergeben wird. Sie ist vertrauenswürdig, man kann sie anrufen, wenn man Fragen hat, und sie kennt stets die richtigen Leute, die man nach einer Antwort fragen kann.

Im letzten Jahr, als meine Tochter bei ihr Klavierunterricht hatte, ist meine Zuneigung für ihr großzügiges Wesen noch mehr gewachsen. Sie kennt die Stärken und Schwächen meiner Tochter sehr genau, und sie weiß, wann sie sie antreiben und wann sie sie ermutigen muss. Sie ist der größte Fan meiner Tochter – genauso wie sie der größte Fan von jedem anderen Kind ist.

Meine Kinder werden zwar eindeutig von ihr geliebt, aber sie sind nur zwei von Tausenden von Kindern, die sie alle während ihrer Tätigkeit als Lehrerin und sogar darüber hinaus mit dem gleichen Maß an Liebe, Zuneigung und Führung überschüttet hat. Sie hat einen stillen Glauben, aber ihre Taten zeigen ganz deutlich die Liebe Christi. Denn sie gibt den Hungernden zu essen und hilft den Notleidenden, und ihr Licht leuchtet in der Dunkelheit. Mir fällt niemand anderer ein, auf den der heutige Vers in so vielerlei Hinsicht zutrifft. Sie ist ein leuchtendes Beispiel für mich, dem ich nacheifere.

*Julie*

## Die gute Tat für heute:

Gibt es in Ihrem Leben jemanden, der den heutigen Vers verkörpert? Überlegen Sie sich, in welcher Hinsicht Sie diese Person nachahmen könnten, und sagen Sie ihr, wie sehr sie Sie beeinflusst hat.

TAG 83

# Ermutigung für unterwegs

Glücklich ist der Mensch,
der weise und urteilsfähig geworden ist!
Er hat mehr Gewinn davon als jemand,
der Silber und Gold besitzt.

Sprüche 3,13-14

Jedes Frühjahr nehme ich an einem Kaffeetrinken meines Mütter-Treffs teil, bei dem wir das Ende eines weiteren Jahres feiern, in dem wir uns wöchentlich getroffen haben, um in unserem Glauben zu wachsen und uns gegenseitig in der Kindererziehung zu unterstützen. Dieses Jahr haben wir das 25-jährige Bestehen dieser Gruppe gefeiert und alle Leiterinnen eingeladen, die sie gegründet haben. Sie haben uns erzählt, wie sie mit nur wenigen Frauen angefangen haben, einfach weil sie einsam waren und Gemeinschaft suchten.

Aus dieser kleinen Gruppe sind jetzt über 100 Frauen geworden, die sich jede Woche treffen, um sich gegenseitig zu unterstützen, die Bibel zu studieren und füreinander zu beten. Viele müde Mütter haben in dieser Gruppe neue Hoffnung bekommen und lebenslange Freundschaften geschlossen.

Aber nicht nur Eltern brauchen Gemeinschaft. Wir alle brauchen die Unterstützung von Menschen, die uns verstehen, ganz gleich in welcher Lebensphase wir uns gerade befinden. Wir sind dazu geschaffen, in Beziehungen zu stehen, und es kann sehr hilfreich sein, Menschen zu finden, die einen ähnlichen Weg gehen, die uns verstehen, die Mitgefühl und Freundlichkeit zeigen und uns aufrichten, wenn wir entmutigt sind.

Wir sollen einander ermutigen, und wie könnte das besser geschehen, als jemandem zur Seite zu stehen, der in einer ähnlichen Situation steckt wie wir sie erlebt haben? Vielleicht haben Sie vor einigen Jahren ein Kind adoptiert und können jemandem Ratschläge geben, der auch über eine Adoption nachdenkt. Vielleicht können Sie anderen Tipps geben, die sich gerade überlegen, den Beruf zu lernen, in dem Sie bereits arbeiten. Oder vielleicht sind Sie bereits Großeltern, können aber ein junges Ehepaar ermutigen, seine eigene Familie zu gründen.

Wo auch immer wir im Leben stehen, wir können anderen helfen, die sich auf demselben Weg befinden und von unseren Erfahrungen profitieren können. Ergreifen wir also die Gelegenheit, ihnen Rat und Ermutigung zu geben. Wir sind niemals zu jung oder zu alt, um anderen unsere Freundlichkeit und Hoffnung zu schenken.

*Kendra*

## Die gute Tat für heute:

Überlegen Sie sich, wer gerade eine Situation durchlebt,
die Sie auch schon erlebt haben. Lassen Sie
diese Person von Ihren Erkenntnissen profitieren.

TAG 84

# Mehr als nur Automechaniker

Mose rief Bezalel, Oholiab und alle anderen
Kunsthandwerker zu sich,
denen Gott Weisheit und Geschick gegeben hatte.
Sie waren bereit, ans Werk zu gehen.

2. Mose 36,2

In unserer Gemeinde gibt es eine kleine Gruppe von Leuten, die regelmäßig ehrenamtlich für Menschen in unserer Gegend Autos repariert. Dafür müssen diejenigen, die diesen Service in Anspruch nehmen, nicht einmal Mitglied in unserer Gemeinde sein.

Einmal rief eine Bekannte meines Mannes ihn an und fragte ihn, ob das Team für das Auto einer Freundin Zeit hätte, die sich die Reparatur ihrer Bremsen nicht leisten konnte. Tim setzte sich also mit dem Leiter der Gruppe in Verbindung, und dieser sagte ihm zu, dass sie ihr Auto bei ihrem nächsten Einsatz als erstes drannehmen würden.

Also wurde in der nächsten Woche das Auto gebracht und auch gleich repariert. Doch nachdem die Frau ihr Auto abgeholt hatte, kam sie bereits eine Stunde später wieder zurück. Der Teamleiter und seine Familie sahen, wie die Frau mit Tränen in den Augen zusammen mit ihrem Mann und ihrem Sohn die Einfahrt hinaufkam und einen Teller voll Kekse und einen Brief für das Team in der Hand hielt.

„Vielen Dank für eure unglaubliche Freundlichkeit", stand in dem Brief. „Wir machen gerade eine schwere Zeit durch, und eure Hilfe war ein großer Segen." In dem Brief stand weiter, dass ihr Ehemann gerade monatelang im Krankenhaus gewesen war und am Ende eine unheilbare Krankheit diagnostiziert wurde. Sie wussten nicht einmal, ob er noch den Highschool-Abschluss seines Sohnes miterleben würde. Die Kosten für die Autoreparatur konnten sie sich aus diesem Grunde einfach nicht leisten.

Wir sollen unsere Gaben einsetzen, um einander zu helfen. Dieses Team von ehrenamtlichen Mitarbeitern hat die Kenntnisse, die Fähigkeiten und den Wunsch, Autos zu reparieren. Sie könnten ihre Zeit damit verbringen, an ihren eigenen Autos zu arbeiten oder ein paar wenigen Freunden zu helfen. Aber stattdessen opfern sie ihre Zeit, um ihre Fähigkeiten für Fremde einzusetzen. Indem sie das tun, ehren sie nicht nur die Menschen, denen sie dienen, sondern sie ehren auch Gott.

*Kristin*

## Die gute Tat für heute:

Schreiben Sie drei Fähigkeiten oder Begabungen auf, die Sie haben, und überlegen Sie sich dann drei Personen oder Gruppen, denen Sie damit helfen könnten. Wählen Sie eine dieser Fähigkeiten aus und fangen Sie an.

TAG 85

# Die freundlichen Worte einer Fremden

Kein böses Wort darf über eure Lippen kommen. Vielmehr soll das, was ihr sagt, gut, angemessen und hilfreich sein; dann werden eure Worte denen, an die sie gerichtet sind, wohl tun.

Epheser 4,29

Es ist eine weit verbreitete Erfahrung unter Eltern: Man geht mit seinen Kindern essen, weil man meint, heute könnte es ohne größere Katastrophen funktionieren, und dann rennt man einem Kind hinterher, das nicht sitzenbleiben will, wischt die verschüttete Milch des anderen Kindes auf und versucht die kleinen Hände davon abzuhalten, mit Essen rumzumatschen. So viel zu einem entspannten Abendessen in einem Restaurant.

Als wir einmal in einem Restaurant waren und ich meine Jüngste auf die Toilette brachte – eigentlich nur um sie zu beschäftigen – lächelten die beiden älteren Damen am Tisch neben uns und meinten, was für wunderbare Kinder wir hätten. Ich bedankte mich, während ich meine Tochter zu den Toiletten zerrte.

Als wir zurückkamen, wollten die beiden Damen gerade gehen und während sie an uns vorbeigingen, blieb eine von ihnen einen Moment stehen und meinte dann: „Sie machen das hervorragend; weiter so, Mama!"

Mir kamen sofort die Tränen und ich hätte ihr vor Rührung um den Hals fallen können. Sie konnte sehen, was ich in diesem Moment nicht sehen konnte, nämlich dass ich wirklich wunderbare Kinder und eine wunderbare Familie habe, und sie ermutigte mich in der Erziehung nicht aufzugeben. Mitten im Chaos kann ich manchmal vergessen, wie reich gesegnet ich bin. Die freundlichen Worte einer Fremden waren genau das, was ich in diesem Augenblick brauchte.

Dieses kleine bisschen Ermutigung von einer Fremden hat nur ein paar Augenblicke gedauert. Wenn wir es uns zur Aufgabe gemacht haben, Freundlichkeit zu verbreiten, ist es wichtig, die großen und kleinen Bedürfnisse der Menschen um uns herum zu sehen und zu versuchen, ihnen zu begegnen. Wie oft sehen wir Menschen, die eher von unseren hilfreichen Worten als von unseren bösen Blicken profitieren würden, vor allem, wenn sie ohnehin das Gefühl haben zu versagen? Überlegen Sie sich einmal, wie sehr Ihre freundlichen Worte sie aufbauen könnten.

*Kendra*

## Die gute Tat für heute:

Achten Sie darauf, ob Sie jemandem begegnen,
der ein bisschen Ermutigung brauchen könnte.
Nehmen Sie sich Zeit, um innezuhalten,
die Person wirklich wahrzunehmen und zu ermutigen.
Das könnte Ihrem Gegenüber den Tag retten.

TAG 86

# Mahlzeitendienst

Was bleibt, sind Glaube, Hoffnung und Liebe.
Von diesen dreien aber ist die Liebe das Größte.
1. Korinther 13,13

Ich würde mich selbst bestenfalls als mittelmäßige Köchin bezeichnen. Ich versuche, neue Rezepte zu meinem Repertoire hinzuzufügen, und meine Familie scheint mit ihrem Los zufrieden zu sein. Aber Spaghetti und Pizza kommen doch mindestens einmal pro Woche auf unseren Speiseplan.

Man sollte nicht meinen, dass das Kochen von Mahlzeiten für andere Menschen in unserer Gemeinde regelmäßig gebraucht wird. Dabei handelt es sich um Mahlzeiten für frisch gebackene Eltern, Mahlzeiten für jemanden, der sich von einer Operation erholt, Mahlzeiten für Trauernde oder Menschen, die mit einer negativen Diagnose zurechtkommen müssen. Essen für andere zu kochen, ist eine einfache Art zu zeigen, dass uns die Liebe wichtiger ist als alles andere. Seitdem wir bewusst anderen Menschen Gutes tun wollen, koche ich oft größere Mahlzeiten, als wir selbst essen würden, und bringe einen Teil davon zu denjenigen, die gerade an alles andere denken als sich etwas zu kochen.

Mahlzeiten für andere Leute zuzubereiten ist eine praktische, greifbare Hilfe, aber es muss keine abschreckende Aufgabe sein. Finden Sie heraus, was Ihnen am besten gelingt. Ich mache es mir leicht, indem ich zwei Gerichte habe, auf die ich immer wieder zurückgreife, oder ich koche einfach doppelt so viel wie ich für meine eigene Familie brauche und friere die extra Portion ein, bis ich sie weitergeben kann.

Sie können tatsächlich nicht kochen? Kein Problem. Bestellen Sie Pizza oder Döner und lassen Sie es der Person, die das Essen gerade brauchen kann, liefern.

Eine Mahlzeit für jemanden zu bereiten muss nicht kompliziert sein, aber es bewirkt etwas. Ich kann Ihnen immer noch genau sagen, wer uns nach der Wirbelsäulen-OP meines Mannes und nach der Geburt unserer drei Kinder Essen gebracht hat. Als wir in Not waren, wirkten ihre einfachen, guten Taten noch lange nach, auch nachdem der Tisch längst wieder abgeräumt und das Geschirr gespült war. Bei wahrer Güte geht es nicht um große Gesten, sondern, wie Mutter Teresa es einmal ausgedrückt hat, um kleine Dinge getan mit großer Liebe.

*Kristin*

## *Die gute Tat für heute:*

Überlegen Sie einmal,
wer eine Mahlzeit gebrauchen könnte
und planen Sie diese in der kommenden Woche ein.

TAG 87

# Wunderbare Worte

... doch die Zunge kann kein Mensch bändigen.
Sie ist ein ständiger Unruheherd, eine Unheilstifterin, ...
Mit ihr preisen wir den, der „unser" Herr und Vater ist,
und mit ihr verfluchen wir Menschen, die als Ebenbild Gottes
geschaffen sind. Aus ein und demselben Mund kommen
Segen und Fluch. Das, meine Geschwister, darf nicht sein!

Jakobus 3,8-10

Gestern bekam ich mit, wie eine Frau ein Kompliment bezüglich ihrer kreativen Begabung zurückwies. Sie ist wirklich begabt, deshalb zweifle ich nicht daran, dass das Kompliment aufrichtig gemeint und verdient war. Warum beteht unsere erste Reaktion oft darin, lebensbejahende Worte, die ehrlich gemeint sind, abzulehnen, und gleichzeitig hässliche Worte, die uns zutiefst verletzen, anzunehmen, zu wiederholen und sogar in unserer Seele zu hegen?

Obwohl ich diese Falle erkenne, wenn andere Frauen hineintappen, falle auch ich selbst immer wieder darauf herein. Meine erste Reaktion ist oft, alles Gute, das über mich oder zu mir gesagt wird, zurückzuweisen oder abzuschwächen. Insgeheim mache ich mir aber hässliche Worte über mich zu eigen, die oft von der anderen Person nicht einmal laut ausgesprochen wurden. Sie wurden mir nur von jener leisen Stimme zugeflüstert, die mir einreden möchte, dass ich in vielen Bereichen meines Lebens versage. Ich wünsche mir so sehr, dass jede Frau ihren Wert erkennt und annimmt!

Als ich darüber nachgedacht und gebetet habe, wie man diesen Teufelskreis bewusst durchbrechen kann, habe ich entdeckt, wie viel Freude es macht, bewusst Leben spendende und bestätigende Worte in das Leben der Menschen um mich herum zu sprechen. Wir lassen unserer Zunge viel zu oft freien Lauf und sprechen sowohl Segen als auch Fluch über die Menschen aus, die doch als Gottes Ebenbild erschaffen sind. Wir müssen damit aufhören, uns selbst und andere mit unseren Worten zu verfluchen.

Mittlerweile gebe ich mir bewusst Mühe, anderen Leuten Komplimente zu machen. Wenn ich merke, dass ich im Stillen eine Fähigkeit oder Gabe oder das Halstuch (oder die Ohrringe oder den Nagellack oder was auch immer) einer anderen Frau bewundere, sage ich es ihr, auch wenn ich sie überhaupt nicht kenne, auch wenn sie nicht unsicher wirkt oder aussieht, als könne sie ein Kompliment gebrauchen. Ich habe beschlossen, Leben spendende Worte freizügig und ohne Zurückhaltung zu verteilen.

*Julie*

## Die gute Tat für heute:

Machen Sie jemandem, der Ihnen über den Weg läuft, ein ehrliches Kompliment – egal ob derjenige Ihnen nahesteht oder Ihnen völlig fremd ist.

TAG 88

# Freundlichkeit im Büro

Soweit es irgend möglich ist
und von euch abhängt,
lebt mit allen Menschen in Frieden.
Römer 12,18

Ich habe das Glück, für eine Firma zu arbeiten, die auf Gemeinschaft und Gruppenarbeit Wert legt. Mein Büro veranstaltet jedes Jahr eine Sammelaktion für Lebensmittel für die örtliche Tafel, für ein Abendessen als Dankeschön an unsere ehrenamtlichen Mitarbeiter und hilft gemeinsam, wenn jemand in Not ist.

Vor kurzem wurde eine meiner Kolleginnen schwer verletzt und war mehrere Wochen krankgeschrieben. Wir Mitarbeiter überlegten deshalb sofort, wie wir helfen konnten, unter anderem indem wir in den nächsten Wochen Besorgungen machten und für ihre Familie einkauften und kochten. Gute Taten wie diese haben in meiner Firma einen engen Zusammenhalt geschaffen, der dafür sorgt, dass sich niemand einsam oder im Stich gelassen fühlt.

Ich weiß, dass es in der Berufswelt nicht immer so zugeht, und ich habe auch schon in einem Umfeld gearbeitet, das alles andere als freundlich war. Aber ich weiß auch, dass wir alle die Wahl haben, wie wir an unsere Arbeit gehen und unseren Kollegen begegnen. Bieten wir denen, die Hilfe brauchen, bereitwillig unsere Unterstützung an? Halten wir uns aus den Querelen zwischen Kollegen heraus? Leben wir Gottes Gebot aus, soweit es irgend möglich ist und von [uns] abhängt, mit allen Menschen in Frieden zu leben? Sind wir zu allen freundlich?

Man wird so leicht in die Auseinandersetzungen am Arbeitsplatz hineingezogen, vor allem wenn am Arbeitsplatz kein Teamwork und keine Zusammenarbeit gefördert werden. Wir können uns als Einzelne in einer solchen Kultur machtlos fühlen, irgendetwas zu ändern. Wir können zwar nicht kontrollieren, was andere sagen oder tun, aber wir können unsere Reaktionen darauf kontrollieren. Oft braucht es nur einen Menschen, um eine Welle der Freundlichkeit auszulösen, die dann wiederum die ganze Umgebung verändert. Wir können eine positive Wirkung auf die Menschen an unserem Arbeitsplatz und an unserem Wohnort haben, wenn wir bereit sind, den ersten Schritt zu gehen.

*Kendra*

## Die gute Tat für heute:

Überlegen Sie sich eine einfache gute Tat,
die Sie gemeinsam mit Ihren Kollegen umsetzen können –
etwas, das ein Gemeinschaftsgefühl schafft
und nur zusammen getan werden kann,
damit jeder mitmachen kann.

TAG 89

# Die weniger geistlichen Gaben

Wenn jemand die Gabe der Seelsorge hat,
soll er anderen seelsorgerlich helfen.
Wer andere materiell unterstützt, soll es uneigennützig tun.
Wer für andere Verantwortung trägt,
soll es nicht an der nötigen Hingabe fehlen lassen.
Wer sich um die kümmert, die in Not sind,
soll es mit fröhlichem Herzen tun.

Römer 12,8

„Menschen wie ich lieben Menschen wie dich. Ich kann einfach keine Geschenke aussuchen“, vertraute mir die Rednerin der Konferenz an, als sie sich für ihren Geschenkkorb bedankte.

„Oh, wirklich? Danke!“, sagte ich ein wenig verwirrt. Sie war eine bekannte Rednerin, deren Bücher ich gelesen und deren Fernsehsendungen ich gesehen hatte, und ihre Worte fühlten sich an wie ein viel größeres Geschenk als das, was ich ihr gerade gemacht hatte.

Ich suche gerne Geschenke aus und stelle Geschenkkörbe zusammen, aber ich sehe diese Begabung nicht in der Liste der wichtigen Geistesgaben wie Prophetie, Lehre, Ermutigung oder Leitung. Sie könnte sogar materialistisch oder eitel wirken, wenn man bedenkt, dass ich dafür einkaufen gehen muss oder wie ich versuche, den Korb ansprechend zu gestalten. Es fühlt sich alles nicht besonders oder gar heilig an. Deshalb fühle ich mich meistens auch nicht besonders oder heilig dabei.

Meine Freundin Julie kann wunderbare Gebete formulieren und schreiben, und meine Schwester Kendra ist eine wunderbare, inspirierende Rednerin. Mein Vater ist der geborene Lehrer und meine Freundin Carol ist sowohl Leiterin als auch Ermutigerin. Verglichen mit all diesen Gaben, fühlt sich meine Begabung gering und vielleicht sogar ein wenig nutzlos an.

Aber wenn ich diesen Abschnitt im Römerbrief über die Geistesgaben noch einmal genau lese, verblüffen mich zwei Dinge: „Wer andere materiell unterstützt, soll es uneigennützig tun" und „Wer sich um die kümmert, die in Not sind, soll es mit fröhlichem Herzen tun". Materielle Unterstützung ist auch eine Gabe, genauso wie sich um Notleidende zu kümmern. Statt unsere Gaben als gering abzutun, sollten wir sie als von Gott gegeben annehmen. Wenn wir aber ihre Bedeutung herunterspielen, werden wir sie nicht zum Segen anderer einsetzen.

Welche Gaben und Talente haben Sie? Vielleicht haben Sie sie gering geachtet und gedacht, sie seien nicht heilig oder geistlich genug. Wie können Sie sie einsetzen, um andere zu ermutigen?

*Kristin*

## Die gute Tat für heute:

Überlegen Sie sich, welche Gabe Sie haben.
Vielleicht ist es eine, die Sie immer als nichts Besonderes angesehen haben, und trotzdem sollten Sie sie nutzen.

TAG 90

# Enttäuschte Erwartungen

Bring dein Kind schon in jungen Jahren
auf den richtigen Weg,
dann hält es sich auch im Alter daran.
Sprüche 22,6

Ich dachte, es sei eine großartige Idee. In einem Kinderbekleidungsladen gab es Fleece-Pullover und –Hosen im Angebot, und es gab in unserer Stadt einige Familien, die keine Grundausstattung, inklusive warmer Kleidung, für ihre Kinder hatten.

Also packte ich meine Kinder ins Auto, gab ihnen etwas Geld und erklärte ihnen meinen Plan: „Wir wollen warme Kleidung für andere Kinder kaufen."

Es schien ganz einfach zu sein, doch spulen wir einmal zehn Minuten vor: Eines meiner Kinder lag am Boden und war völlig fertig von diesem Erlebnis. Und ich war mehr als frustriert, dass die Idee in meinem Kopf sich nicht so umsetzen ließ, wie ich es gewollt hatte.

Grrr! Ich wünschte, ich könnte sagen, dass ich ruhig geblieben bin und mich zusammengerissen habe, während ich zusehen musste, wie meine guten Absichten versagten, aber das bin ich nicht. Ich spürte, wie ich angespannt wurde und etwas unwirsch. Als wir die ausgesuchten Sachen schließlich zusammenrafften und zur Kasse gingen, fällte ich die kluge Entscheidung, dieses Erlebnis einfach loszulassen. Ich wusste, dass wir im Gespräch noch einmal darauf zurückkommen würden, wenn meine Kinder die Kleidung bei der örtlichen Hilfsorganisation ablieferten, die sie dann für uns verteilen würde.

Kindern beizubringen großzügig zu sein und über den eigenen Tellerrand hinauszuschauen, ist ein langer Weg, keine einmalige Aktion. Wenn Ihr toller Plan nicht funktioniert, sollten Sie es später noch einmal versuchen. Wenn ich darüber nachdenke, wie man Kindern gute Gewohnheiten beibringt und ihre Denkweise positiv prägt, so geschieht beides über eine längere Zeit durch Erziehung und praktische Erfahrungen. Die beste Art zu lernen ist durch ständige Wiederholung, bei der wir schwanken und versagen dürfen und durch Wiederholung und Übung langsam dahinterkommen.

Wenn Sie Kinder haben, dann stecken Sie in einem dauerhaften Ausbildungsprogramm. Lassen Sie sich nicht entmutigen. Bleiben Sie dran. Gott macht uns Mut, dass es den Kampf wert ist, und dass Kinder, die im Glauben erzogen werden, ihn später nicht verlassen werden. Daran klammere ich mich an den schweren Tagen, in dem Wissen, dass Gott im Leben meiner Kinder etwas Größeres bewirkt als ich es jemals könnte.

*Julie*

## Die gute Tat für heute:

Beziehen Sie Ihre Kinder bei einer guten Tat mit ein,
und lassen Sie sie entscheiden, was getan wird.

TAG 91

# Du bist ganz normal

Doch [Jesus] gehört nicht zu denen, die unsere Schwächen nicht verstehen und zu keinem Mitleiden fähig sind.
Hebräer 4,15

Als ich mein erstes Kind bekam, war ich überglücklich, aber ich fühlte mich auch ein wenig (na gut, ziemlich) überfordert. Das mag jetzt erschreckend klingen, aber das Mutterdasein war nicht so, wie ich es mir vorgestellt hatte. Verstehen Sie mich bitte nicht falsch, ich liebe meine Kinder und bin dankbar für sie, aber Kindererziehung ist wirklich schwer. Ich habe mich oft gefragt, ob ich das richtig mache und zweifelte ständig an meinem Urteilsvermögen. Bei den Kindern immer alles richtig machen zu wollen kann sehr stressig sein.

In dieser Phase fand ich in meiner Gegend eine Gruppe von Müttern, die mir liebevoll begegneten und mir halfen. Wir trafen uns jede Woche, und ich war erleichtert, als ich hörte, dass das, was ich als Mutter fühlte und erlebte, völlig normal war – dass ich normal war. Sie hatten nicht alle Antworten für meine Probleme parat, und wenn ich nach Hause kam, kämpfte ich immer noch mit der Erziehung meiner Kinder, aber es half mir zu wissen, dass ich nicht alleine war. Andere machten und machen das Gleiche durch wie ich, und das war irgendwie tröstlich.

Jeder macht in seinem Leben Zeiten durch, in denen man sich fragt, ob man der einzige Mensch ist, dem es so geht. Eines der liebenswürdigsten Dinge, die wir für andere tun können, ist, sie wissen zu lassen, dass sie nicht alleine sind und dass das, was sie gerade erleben, normal ist. Ob es ein lebensverändernder Schritt ist, wie einen anderen Menschen zu heiraten oder eine Familie zu gründen, wegzuziehen, eine neue Stelle anzutreten oder mit einer Krankheit fertigzuwerden, wir können uns alle manchmal etwas neben der Spur fühlen. Da kann es tröstlich sein, wenn man Menschen um sich hat, die so etwas bereits durchgemacht haben.

Genauso wie Jesus mit unseren Schwächen und all unseren Erfahrungen mitfühlen kann, können auch wir anderen Gutes tun, indem wir sie wissen lassen, dass sie mit ihren Problemen nicht alleine sind.

*Kendra*

## *Die gute Tat für heute:*

Ermutigen Sie jemanden,
der gerade etwas Ähnliches erlebt wie Sie.
Zeigen Sie dieser Person, dass sie nicht alleine ist
und dass das, was sie erlebt, ganz normal ist.

TAG 92

# Versteckte Nachrichten

Sorgen drücken einen Menschen nieder,
aber freundliche Worte richten ihn wieder auf.
Sprüche 12,25

„Hey Leute, hier steckt eine kleine Nachricht!", hörte meine Freundin Savannah die junge Frau in der Toilette neben sich zu ihren Freundinnen sagen.

Savannah lächelte, weil sie wusste, was die Frau meinte: eine kleine Grußkarte mit einem Bibelvers darauf, die zusammen mit einem Stück Schokolade in einem Umschlag steckte. Am Morgen hatte sie die Sachen mit ihren Freundinnen gekauft, in die Umschläge gesteckt und dann überall auf dem College-Campus in irgendwelchen Ritzen und abgelegenen Stellen und sogar auf den Toiletten versteckt, damit andere Studenten sie fanden.

Die Freundinnen der jungen Frau wollten, dass sie mit dem Öffnen des Umschlags wartete, damit sie es auch sehen konnten, aber vor Freude öffnete sie den Umschlag ohne sie und jauchzte, als sie die Karte und die Schokolade fand.

„Es gibt wohl wirklich noch gute Menschen auf dieser Welt", sagte sie, als sie aus der Toilette kam.

Als Savannah die kleinen Geschenke und Ermutigungen heimlich versteckte, wollte sie dafür keine Bestätigung und kein Lob. Sie rechnete nicht einmal damit zu erfahren, was damit geschah. Diese eine Karte hatte sie sogar Stunden zuvor dort versteckt, und es war Zufall, dass sie geöffnet wurde, als sie im Raum war.

Aber sie hörte nicht nur die Reaktion dieser Studentin, sondern das Erstaunliche war, dass ihre Freunde ihr erzählten, dass obwohl sie auf einem Campus mit 16.000 Studenten nur 60 Karten versteckt hatten, überall in den Klassen zu hören war, wie Studenten von den versteckten Geschenken sprachen. Diese Aktion dieses einzigen Mädchens, das anderen zeigen wollte, dass sie von Gott und von Menschen geliebt wurden, zeigte, dass ein freundliches Wort Menschen aufrichtet – wie es im Buch der Sprüche heißt. Sich trotz eines vollen Zeitplans die Zeit zu nehmen, kleine Geschenke für fremde Menschen in Umschläge zu stecken und anonym zu verteilen, war eine einfache Art, anderen Menschen Liebe zu zeigen. Sogar Dinge, die uns klein erscheinen, können eine große Wirkung haben.

*Kristin*

## Die gute Tat für heute:

Hinterlassen Sie jemandem auf einer Toilette
oder an einem anderen abgelegenen Ort
eine ermutigende Nachricht.

TAG 93

# Einfacher Gehorsam

Wenn ihr heute die Stimme Gottes hört,
dann verschließt euch seinem Reden nicht!

Hebräer 3,7-8

Geschenktüten für Obdachlose zu packen ist eines der Dinge, die meine Kinder am liebsten tun, um Menschen zu helfen. Normalerweise haben wir immer solche Tüten im Auto, aber als wir während eines Sommers einmal extrem beschäftigt waren, war das Auto vollkommen leer.

Macht nichts, dachte ich, ich kaufe nachher etwas ein.

Einige Tage später war ich gerade spät dran und hatte es eilig, durch die Stadt zu einem Termin zu kommen, als ich über eine Kreuzung fuhr, an der ein Obdachloser, den ich nicht kannte, an der Ecke stand.

„Arbeite für Essen", stand auf seinem Pappschild. Ich rechtfertigte mich vor mir selbst damit, dass ich gerade keine Zeit hatte und wir ohnehin keine Geschenktüten mehr im Auto hatten, und drehte mich schnell weg, um keinen Blickkontakt zu ihm herzustellen.

Als die Ampel grün wurde, fuhr ich schnell weiter, hatte aber sofort Gewissensbisse. Ich hatte zwar keine Geschenktüten mehr dabei, aber ich hatte einen Einkaufsgutschein im Geldbeutel, den ich von einer Freundin bekommen hatte, und eine ungeöffnete Flasche Wasser, die ich noch mitgenommen hatte, als ich das Haus verlassen hatte. Also wendete ich schnell an der nächsten Ecke und beschloss, meine magere Gabe dem sehr dankbaren Mann an der Ecke zu geben.

Abends erzählte ich meinen Kindern, was passiert war und erklärte ihnen, dass meine Gewissensbisse von Gott gekommen waren und dass es wichtig sei, aufmerksam zu sein und zu reagieren, wenn wir das Gefühl haben, dass Gott etwas von uns möchte. Meine Kinder nickten verständig, als wir noch einmal für die Obdachlosen in unserer Stadt beteten und Gott darum baten uns zu helfen, ihm gehorsam zu sein, wenn er etwas von uns möchte.

Hatten Sie schon einmal ein schlechtes Gewissen wegen etwas, was Sie getan oder nicht getan haben? Auf Gottes Stimme zu hören und bereitwillig zu tun, was er von uns möchte, ist ein wichtiger Bestandteil unserer Beziehung zu ihm – ganz gleich, ob wir zu Hause, auf der Arbeit oder einfach nur im Auto unterwegs sind.

*Kendra*

## Die gute Tat für heute:

Achten Sie auf Gottes Reden.
Hören Sie auf das, was er von Ihnen will
und gehorchen Sie seiner Stimme.

TAG 94

# Die kleinen Dinge

Liebt einander mit aufrichtiger Zuneigung
und habt Freude daran,
euch gegenseitig Achtung zu erweisen.
Römer 12,10

Mein Mann ist manchmal geschäftlich unterwegs, und was ich am meisten vermisse, wenn er weg ist, ist die Tasse Kaffee, die er mir jeden Morgen macht. Er kocht den Kaffee nicht nur, sondern er bringt ihn mir auch noch hoch und überreicht ihn mir mit einem Lächeln und einem Blinzeln – eine sanfte Aufforderung aufzustehen. Jeden Morgen, wenn er mir die dampfende Kaffeetasse überreicht, fühlt es sich an wie eine kleine Liebeserklärung.

Die Ehe besteht aus Tausenden kleinen Interaktionen. Großartige Gesten und aufwendig miteinander Essen zu gehen ist zwar manchmal nett, aber wie wir im Kleinen im Alltag miteinander umgehen, das baut die Liebe zwischen den Partnern auf oder zerstört sie.

Gutes tun ist zwar etwas, was wir oft auf Fremde beziehen oder auf Menschen in schweren Zeiten, aber ich bin der Überzeugung, dass Gutes tun daheim im engsten Kreis beginnt. Es passiert so schnell, dass wir in Punkto Freundlichkeit gerade mit unseren Liebsten nachlässig werden, weil wir dazu tendieren, unsere engsten Beziehungen – Ehepartner, Eltern, Kinder oder enge Freunde – für selbstverständlich zu nehmen. Seien wir einmal ehrlich: Manchmal ist es eine viel größere Herausforderung, unserem Ehepartner etwas Gutes zu tun, als einem Fremden einen Kaffee zu spendieren.

Es ist zwar sehr befriedigend, irgendeinen Fremden mit Freundlichkeit zu überschütten, aber die Liebenswürdigkeiten, die wir ganz bewusst in unsere engsten Beziehungen investieren, werden unser Leben und das Leben der Menschen um uns herum auf eine Weise bereichern und vertiefen, die weit über das hinausgeht, was wir an Zeit und Kraft hineingesteckt haben. Jede kleine Tat stärkt unsere Ehe oder Beziehung. Wenn Sie möchten, dass die Liebe zwischen Ihnen und Ihrem Partner darauf beruht, dass Sie einander aufrichtige Zuneigung zeigen und Freude daran haben, einander zu achten, dann fangen Sie damit an, im Stillen jeden Tag, jede Woche, jeden Monat bewusst kleine Freundlichkeiten zu verschenken. Sie könnten von der Reaktion Ihres Gegenübers angenehm überrascht werden.

*Julie*

## *Die gute Tat für heute:*

Wer aus Ihrer Familie braucht einen kleinen Liebesbeweis?
Werden Sie heute diesbezüglich kreativ.

VERSPRECHEN
SIE IHREM PASTOR,
REGELMÄSSIG
**für ihn zu beten**
UND SCHICKEN SIE IHM
JEDEN MONAT
EINE ERMUTIGENDE
NACHRICHT.

SCHICKEN SIE
DEN FEUERWEHRLEUTEN
IHRER NÄCHSTEN
FEUERWACHE EINE

**Dankeschön-Karte.**

TAG 95

# Brücken bauen

Den Ausländer, der bei euch wohnt,
sollt ihr wie einen von euch behandeln
und ihr sollt ihn lieben wie euch selbst.
Denn ihr selbst wart einst Fremde in Ägypten.
3. Mose 19,34

Ich habe einige Jahre in einer Region unseres Bundesstaates gelebt, in der es sehr viele Einwanderer und Flüchtlinge gibt. Die meisten davon stammen aus dem von Bürgerkriegen gebeutelten Somalia. In einem überwiegend von Weißen bewohnten Gebiet hat das zu Spannungen geführt, weil die dortigen Menschen auf einmal mit einer fremden Kultur und Religion konfrontiert wurden.

Kürzlich war meine Freundin in der Apotheke, und dort bekam sie mit, wie eine Frau aus Somalia am Schalter neben ihr Probleme hatte zu verstehen, warum ihre Krankenversicherung nicht alle Kosten der Medikamente, die sie brauchte, übernahm. Ihr fehlten elf Dollar. Daraufhin fragte die Apothekerin, ob sie Geld dabei habe, um die Differenz zu begleichen, und die Frau verneinte. Die Apothekerin fragte weiter, ob sie später wiederkommen könne, um die Medikamente zu bezahlen, aber sie schüttelte nur den Kopf. Die Frau wirkte verängstigt und verwirrt, und meine Freundin stellte sich vor, wie schrecklich es sein musste, in einem fremden Land zu sein, die Sprache nicht richtig zu verstehen, kein Geld und kein Auto zu haben.

Meine Freundin fühlte sich von dieser Situation angesprochen und bezahlte deshalb für die Frau. Sie erzählte mir, dass die Apothekerin sie sehr überrascht ansah, sodass meine Freundin annahm, dass es in unserer Gegend wohl nicht oft vorkam, dass jemand für einen Somali bezahlte.

Als die somalische Frau begriff, dass ihre Medikamente bezahlt waren, wirkte sie erleichtert und dankbar. Das weckte in meiner Freundin den Wunsch, andere, die sich vielleicht nicht willkommen fühlen, zu segnen und sich um sie zu kümmern.

„Wir müssen uns Mühe geben. Wir müssen besser darin werden, auf andere zuzugehen. Wir müssen Friedensbrücken bauen", sagte sie.

Es ist nicht immer leicht zu erkennen, wie wir aktiv in unserem Umfeld Brücken bauen können, aber es kann durch etwas so Einfaches geschehen, wie jemanden anzusprechen, der aus einem anderen sozialen und wirtschaftlichen Umfeld, einer anderen Kultur oder Religion kommt. Wie bei vielen anderen guten Taten, kann man auch hier mit Kleinigkeiten beginnen und abwarten, was daraus wird.

*Kristin*

## *Die gute Tat für heute:*

Tun Sie jemandem an Ihrem Ort etwas Gutes,
der sich vielleicht nicht besonders willkommen fühlt.

TAG 96

# Die vergessene Nachricht

Vor allem anderen fordere ich euch auf,
für alle Menschen zu beten.
Bittet bei Gott für sie und dankt ihm.

1. Timotheus 2,1

Kaum hatte die Hauptrednerin beim Mittagessen des Netzwerks für berufstätige Frauen die letzten Sätze beendet, zogen sich alle um mich herum ihre Winterjacken an und stürmten zur Tür hinaus. Weil ich später gekommen war, saß ich an einem Tisch hinten in der Ecke, den man schnell für mich zusätzlich aufgestellt hatte. Die Frau neben mir, die ebenfalls später gekommen war, beugte sich zu mir herüber und fragte, ob meine Tochter vor fast acht Jahren eine bestimmte örtliche Kindertagesstätte besucht hätte.

Wir kamen daraufhin miteinander ins Gespräch, und als ich die Geschichte dieser Frau hörte, traten mir Tränen in die Augen. Unsere Töchter, die etwa gleich alt waren, gingen früher in die gleiche Kindertagesstätte. Während dieser Zeit wurde festgestellt, dass ihre Tochter ein ernsthaftes Problem mit der Wirbelsäule hatte und sich einer gefährlichen Operation unterziehen musste. Ich hatte von ihrem Leid gehört und hatte ihr über die Mitarbeiter der Tagesstätte eine Karte zukommen lassen, um sie zu ermutigen, und betete für ihre Tochter und die Familie. Wir hatten uns jedoch niemals persönlich kennengelernt, und ich hatte bis zu diesem Tag nicht erfahren, was aus ihrer Tochter geworden war.

Als die Frau meinen Namen auf meinem Namensschild wiedererkannte, erzählte sie mir, wie wunderbar die Operation verlaufen war und dass ihre Tochter jetzt ein gesundes, heranwachsendes Mädchen sei. Wir verbrachten anschließend noch einige Minuten damit, uns von unseren Töchtern zu erzählen, bevor wir beide wieder in unseren beruflichen Alltag zurückkehrten. Bevor wir auseinandergingen, erzählte sie mir noch, dass ihr meine kurze Nachricht damals in jener schweren Stunde so viel bedeutet hatte, dass sie sie immer noch hatte – acht Jahre später.

Als auch ich das Lokal verließ, dankte ich Gott, dass er mich daran erinnert hatte, dass eine kleine Freundlichkeit das Leben eines Menschen auf so nachhaltige Weise beeinflussen kann. Der heutige Vers aus 1. Timotheus erinnert uns daran, dass wir großzügig für andere beten sollen. Gott strahlt so oft durch uns hindurch, wenn wir uns die Mühe machen, Menschen, die wir kaum kennen, etwas Gutes zu tun.

*Julie*

## Die gute Tat für heute:

Schicken Sie jemandem, den Sie kennen,
eine Karte und schreiben Sie,
dass Sie für sie oder ihn beten.

TAG 97

# Eine Lektion in Freundlichkeit beim Mittagessen

Liebe ist geduldig …

1. Korinther 13,4

Kürzlich ging ich zum Mittagessen in einen nahegelegenen Sandwich-Imbiss, in dem sich ein einziger junger Mann Mühe gab, die vielen Bestellungen so schnell er konnte zu bearbeiten. Jeder, der in der Schlange stand, schien etwas ungeduldig und barsch zu sein, obwohl er sich bei jedem Kunden mit einem freundlichen Lächeln entschuldigte. Die meisten beachteten ihn einfach gar nicht, sahen auf ihre Handys oder aus dem Fenster, während er alles daran setzte, ihre Bestellungen so schnell wie möglich abzuarbeiten.

Als ich an der Reihe war, gab ich meine Bestellung auf und nahm mir die Zeit, ihm dabei lächelnd in die Augen zu schauen. Und als ich bezahlte, sagte ich: „Sie machen das großartig."

Daraufhin hielt er nur einen Augenblick inne, sah mich an und sagte: „Danke", bevor er sich dem nächsten Kunden zuwandte. Das war keine große Unterhaltung, aber gerade genug, um ihm zu zeigen, dass er gesehen wurde, dass ich sah, wie hart er arbeitete und glaubte, dass er sein Bestes gab.

Es dauert manchmal nur eine Minute, jemandem zu sagen, dass man sieht, was für eine großartige Leistung er oder sie vollbringt. Menschen im Dienstleistungssektor werden oft übersehen, während sie anderen Hilfestellung leisten. Die Bibel sagt, eine Eigenschaft der Liebe sei es, dass sie geduldig ist. Und Geduld ist eine schwierig zu erlangende Eigenschaft geworden in unserer schnelllebigen, zielorientierten Welt. Aber bei Gott ist sie immer noch wertvoll.

Wenn Sie das nächste Mal versucht sind, mit jemandem ungeduldig zu sein, dann entscheiden Sie sich stattdessen dafür, den Menschen zu sehen und zu erkennen, dass derjenige vielleicht gerade versucht, seine Aufgabe so schnell und gut wie möglich zu erledigen. (Auch wenn es nicht so aussieht, als beeile sich derjenige, können wir trotzdem geduldig sein!) Und durch unsere geduldige Reaktion auf andere, können wir denen etwas Gutes tun, die vielleicht nur selten freundlich behandelt werden.

*Kendra*

## *Die gute Tat für heute:*

Nehmen Sie sich Zeit,
jemanden, der Sie bedient,
wahrzunehmen, Geduld zu haben
und demjenigen zu danken.

TAG 98

# Gute Absichten

Wenn jemand weiß, was gut und richtig ist,
und es doch nicht tut, macht er sich schuldig.

Jakobus 4,17

Ich muss ein peinliches Geständnis ablegen: Manchmal leiden meine guten Absichten darunter, dass ich sie nicht umsetze. Einmal habe ich Babysachen für eine Sammelaktion hier vor Ort gekauft und sie dann nicht rechtzeitig abgegeben. Ein anderes Mal wollte ich online Blumen bestellen, um sie einer trauernden Frau zu schicken, und habe die Bestellung nicht abgeschlossen. Und ein anderes Mal habe ich meinem Neffen neun Monate zu spät eine Glückwunschkarte zu seinem Schulabschluss geschickt. Ich habe viele gute Ideen, aber ich bin die erste, die – sehr zu meinem eigenen Verdruss und zur Enttäuschung meines Mannes – zugeben muss, dass ich manchmal einfach vergesse, etwas zu tun.

Einmal hatte ich die Idee, anlässlich des Geburtstags meiner ältesten Tochter an einer Spendenaktion teilzunehmen, bei der man Schuhkartons mit ausgewählten Dingen darin an Kinder aus Armenvierteln im ganzen Land verschicken kann. Ich informierte mich im Internet, nahm Kontakt mit der Organisation auf, kaufte ein und packte zusammen mit meinen Kindern die Schuhkartons. Und dann lagen diese vier leuchtend bunten Kartons über ein Jahr in meinem Büro. Ich habe sie nie auf die Post gebracht und nie verschickt. Das Gute hatte versagt.

Ja, natürlich habe ich irgendwann eine der Schachteln mit Keksen gefüllt und unserer neuen Nachbarin gebracht und ich habe die Spielsachen und Bücher an bedürftige Kinder in unserem Umfeld verteilt. Aber meine ursprüngliche Absicht habe ich zu meiner eigenen Scham nie ausgeführt.

Ich weiß, dass die Menschen sagen, der Gedanke zählt, aber für mich ist das etwas unehrlich. Dadurch fühlen sich Menschen wie ich besser, wenn sie ihre Absichten nicht in die Tat umsetzen. Aber die Bibel sagt, man wird schuldig, wenn man weiß, was man tun sollte und es nicht tut. Das kann ich verstehen, denn nach meinem Verständnis hat mein Versagen nichts mit dem zu tun, was ich gebe, sondern liegt einzig an meiner Herzenshaltung.

Wenn ich Dinge nicht in die Tat umsetze, dann habe ich nicht die Bedürfnisse des anderen im Blick, sondern nur meine eigenen Prioritäten. Sicher, ich werde nie vollkommen sein, aber ich kann mir vornehmen, unter Gebet zu versuchen meine guten Absichten nach und nach in die Tat umzusetzen.

*Kristin*

## *Die gute Tat für heute:*

Überlegen Sie sich,
welche gute Tat Sie sich vorgenommen,
aber noch nicht in die Tat umgesetzt haben.
Schieben Sie sie nicht länger hinaus,
sondern tun Sie es heute.

TAG 99

# Wenn du einfach nicht willst

Jesus antwortete ihm:
„‚Du sollst den Herrn, deinen Gott, lieben von ganzem Herzen, mit ganzer Hingabe und mit deinem ganzen Verstand.'
Das ist das erste und wichtigste Gebot.
Ebenso wichtig ist aber ein zweites:
‚Liebe deinen Mitmenschen wie dich selbst.'"
Matthäus 22,37-39

Ich stand schick angezogen vor einem Aufzug und seufzte laut. Ich kam zu spät zu einer kostenlosen Rechtsberatung, die ich eigentlich gar nicht geben wollte. Ich hatte einfach zu viel zu tun, und meine schlechte Laune kam daher, dass an jenem Nachmittag noch wichtigere Dinge meine Aufmerksamkeit forderten.

Nachdem ich auf der ganzen Fahrt zu diesem Termin herumgenörgelt hatte, parkte ich und blieb einen Moment länger als nötig im Auto sitzen. Ich schimpfte innerlich mit mir selbst wegen meiner negativen Haltung und sprach ein kurzes Gebet. Ich betete, dass die Zeit, die ich gleich dort verbringen würde – und die sich wie totale Zeitverschwendung anfühlte – zu etwas gut sein möge. Ich bat um Vergebung für meine negative Einstellung und legte diese Zeit bewusst in Gottes Hände.

Ich ging in das Gebäude und fand die Person, mit der ich verabredet war, tränenüberströmt im Besprechungszimmer vor. Als ich sehr viel später wieder aus dem Gebäude kam, weil ich länger geblieben war, als ich eigentlich gewollt hatte und weitaus mehr getan hatte, als technisch gesehen notwendig gewesen war, vergoss ich selbst ein, zwei Tränen.

Wegen meiner negativen Einstellung hätte ich beinahe eine Gelegenheit verpasst, jemandem mit meinen Begabungen zu helfen. Weil ich so damit beschäftigt war, herumzunörgeln, hätte ich den besten Teil des Tages beinahe verpasst. Weil ich so sehr auf das fokussiert war, was ich erledigen wollte, hätte ich beinahe das verpasst, was Gott erledigen wollte.

Wir sollen Gott von ganzem Herzen, mit ganzer Hingabe und mit unserem ganzen Verstand lieben, und unseren Mitmenschen wie uns selbst. Die Gelegenheiten, andere zu lieben, verbergen sich oft hinter Unannehmlichkeiten und können nach weltlichen Gesichtspunkten oft wie eine völlige Zeitverschwendung aussehen. Lassen Sie sich nicht weismachen, es sei Zeitverschwendung, wenn Sie Ihren eigenen Zeitplan hinten anstellen, um jemand anderem einen Liebesdienst zu erweisen. Gott möchte uns gebrauchen, um die Welt zu verändern – einen Menschen nach dem anderen, wenn wir ihn lassen.

*Julie*

## Die gute Tat für heute:

Gibt es etwas, das Sie nur mit Murren tun?
Bitten Sie Gott, jemanden durch diese Sache zu segnen.

TAG 100

# Gutes für unterwegs

Gott aber ist es, der uns immer wieder
neuen Mut und Trost schenkt, um standhaft zu bleiben.
Er helfe euch, einmütig zu sein,
so wie es euch Jesus Christus gezeigt hat.
Dann könnt ihr alle wie aus einem Mund Gott,
den Vater unseres Herrn Jesus Christus, loben und preisen.
Römer 15,5-6

Unsere Familie verreist gerne. Meinem Mann und mir ist es wichtig, mit den Kindern Erinnerungen zu teilen, indem wir gemeinsam Neues erleben. Einmal fuhren wir mit dem Auto von Minnesota nach Seattle und beschlossen, unterwegs Menschen etwas Gutes zu tun. Wir hinterließen an Raststätten Kaffeegutscheine mit ermutigenden Botschaften für andere Reisende, legten den Reinigungskräften, die unsere Hotelzimmer sauber machten, ein extra Trinkgeld mit einer kleinen Ermutigung hin und ließen auf der Straße andere beim Spurwechsel in die Lücke.

Es machte Spaß, das mit unseren Kindern zu tun und uns zu überlegen, wer wohl unsere heimlichen Geschenke finden würde und was diejenigen denken würden, wenn sie sie entdeckten. Es war eine gute Art, unseren Kindern zu zeigen, dass wir Menschen Gutes tun können, ganz egal, wo wir sind oder was wir gerade tun.

Freundlich zu sein ist eine Lebenseinstellung und eine andere Denkweise, nicht nur etwas, das wir hin und wieder tun. Es ist eine Gewohnheit, die wir überall ausleben wollen, wo wir gerade sind. Es hat uns auch daran erinnert, dankbar zu sein für die

Arbeit, die andere Menschen jeden Tag tun und die wir nur allzu leicht übersehen.

Wir alle können überlegen, wie wir anderen Leuten unterwegs oder in unserem ganz normalen Alltag etwas Gutes tun können. Es ist egal, ob wir weit fahren oder nicht, wir können uns alle überlegen, wie wir anderen Menschen mit Kleinigkeiten den Tag versüßen können. Die Bibel ermahnt uns dazu, jede sich bietende Gelegenheit zu nutzen, allen Menschen Gutes zu tun. Denken Sie über Ihre täglichen Aktivitäten nach und überlegen Sie sich, wo sie andere Leute regelmäßiger ermutigen oder ihnen etwas Gutes tun könnten. Wohin gehen Sie, und was tun Sie jeden Tag? Das sind die Gelegenheiten, die Gott Ihnen schenkt, um Gutes zu tun.

*Kendra*

## Die gute Tat für heute:

Nehmen Sie sich vor,
jemanden, den Sie jeden Tag sehen,
mit einer Kleinigkeit zu überraschen.

# Meine Gedanken

*Als ich „Alltagsglücklich"
zum ersten Mal aufgeschlagen habe,
wollte ich es gar nicht mehr
aus der Hand legen.
Es ist sooo schön gestaltet!*

Leserstimme

*Was für ein schönes, tiefgründiges, elegantes und stilvolles Buch! Bestens geeignet zum Behalten und Verschenken!*

Leserstimme

Die amerikanische Originalausgabe
ist bei Tyndale Momentum, einem Imprint von
Tyndale House Publishers Inc. in Carol Streams, Illinois erschienen
unter dem Titel „100 Days of Kindness“.




Best.-Nr. 817711
ISBN: 978-3-95734-711-4
1. Auflage 2021
Übersetzt von Elke Wiemer
Lektorat: Ruth Harmsen
Umschlaggestaltung und Innensatz:
Hanni Plato unter Verwendung von Shutterstock
Druck und Verarbeitung: Lego SpA
Printed in Italy
www.gerth.de